KLAGEHJELP

UNDER SKYDEKKET

Dag Rune Flaaten

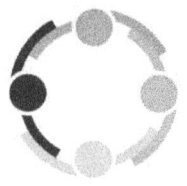

KLAGEHJELP | UNDER SKYDEKKET

ENGASJEMENT

Denne boken er tilegnet kollegene mine i Klagehjelp. Mottoet vårt er «Sammen er vi sterke» og dette gjelder på langt mer enn kun de sakene selskapet engasjerer seg i. Det gjelder i de aller fleste områder i livet.

På lærerskolen ble jeg kjent med Lev Vygotskij og hans sosialkulturelle læringssyn, som på mange vis kan oppsummeres med at vi ved å stå sammen kan få til langt mer enn ved å stå alene – eller «Sammen er vi sterke», som vi sier i Klagehjelp. På mange måter er mottoet vårt hentet fra denne sovjetiske teoretikeren som døde i 1934.

Klagehjelp hadde aldri vært det selskapet det er i dag, uten nettopp samholdet og det at vi har klart å bygge et fellesskap.

I boken «Kundene forteller», kan du lese en god del om hvor viktig arbeidet er og hva vi har klart å oppnå – ting som kanskje egentlig ikke skulle latt seg gjøre. Ting som definitivt ikke hadde latt seg gjøre, uten nettopp dette samholdet, denne drivkraften. Uten disse dedikerte kollegene, ville Klagehjelp i beste fall vært et tannløst enkeltpersonforetak, uten noen som helst påvirkningskraft på omgivelsene.

Faktisk merker vi dette samholdet, ikke bare internt i bedriften, men også fra mange av de vi samarbeider med – det være seg advokater, regnskap, revisorer, utviklere og andre; «Sammen er vi sterke».

INNHOLD

FORORD

D a boken «Kampen for tilværelsen» var
ferdig skrevet, markerte dette slutten på en
fire måneder lang og ekstremt kostbar disputt
med Forbrukerombudet. Vår opplevelse av det
hele, ble altså presset inn mellom permene i en
bok.

Dette med bøkene hadde kommet til som en
innskytelse i november 2016. Jeg hadde sittet på
hjemmekontoret og ergret meg over at
omverdenen ikke fikk servert sannheten om
Klagehjelp, men i stedet forvridde utsagn og
historier proppet av bakenforliggende agenda.

Denne fjerde boken, ble påbegynt 2 ½ måned
senere, så tastaturet hadde fått kjørt seg.
Skriveriene fungerte også utmerket som
metode å få prosessert ting på. Slikt brukes
garantert i terapi. Hovedpoenget var selvsagt å
sørge for at den virkelige historien, i alle fall i
henhold til min subjektive objektivitet, nådde ut
og ble tatt inn, men det gav samtidig overblikk
og fornyet innsikt i det viktige arbeidet vårt.

BESØK FRA ENGLAND

3 **1. JANUAR 2017** plukket jeg opp Eriksen, vår mann i England, og Linda, hans prosjektleder, på Haugesund Lufthavn. Klokken var 18:50 og de hadde nettopp kommet fra London, via Oslo selvsagt – det er ikke mange ruter fra det store utland, direkte til Haugesund.

De skulle egentlig ha kommet et par-tre uker tidligere, men ting var blitt utsatt. Cato, min nestkommanderende i Klagehjelp, hadde ligget hjemme med ødelagt rygg og mannen til Linda hadde visst også vært nede for telling. Om en ser bort fra årsakene, var det egentlig like greit at ting var utsatt – vi hadde ikke hatt så mye å vise til om de hadde kommet tidligere. Nå skulle vi imidlertid være temmelig klare for å sette i gang med det vi hadde forsøkt å få fart på rett før Forbrukerombudet kontaktet oss og påførte oss et fire måneder langt skifte av fokus.

Disse fire månedene er tema i boken «Kampen for tilværelsen». Den omhandler en intens periode, der vi så oss nødt til å bruke tiden vår på svært mye annet enn hva vi ønsket. En utfordrende tid ... en lærerik tid.

Sist Eriksen hadde vært her, hadde han hatt med seg finanstoppen Phil – en engelskmann som hadde jobbet høyt oppe i finans, flere steder i verden. Vi hadde sittet i møter med Iversen Skogen Reklamebyrå og bestilt de engelske nettsidene våre, da den første henvendelsen fra Forbrukerombudet tikket inn. Den var på hele 100 sider! Det var ikke måte på hvor mye ressurser de valgte å overøse oss med. Det er mulig vi burde følt oss velsignet, men det var noe med ordlyden som gjorde at slike tanker ikke ble vekket..

Det var fire måneder siden de nye nettsidene våre var bestilt og kun timer før Eriksen landet, ble de endelig lansert. Selv om de ikke inneholdt alt som var bestilt av innhold, var de et solid løft ... det vil si ... for fire måneder siden hadde vi jo ingen verdens ting på engelsk – nå hadde vi i det minste en designmessig flott side, hvor vi kunne øke på med innhold. Ikke nok med det – vi hadde nettopp fått oversendt et brev fra ombudet, der de bekreftet at de hadde gått gjennom alt det som var gjort av endringer i forhold til deres

2

opprinnelige henvendelse fire måneder i forveien og hadde avsluttet saken – strålende, vi kunne tenke fremover igjen.

Linda, Eriksens ledsager på dette besøket, var ny for oss. Cato og jeg hadde møtt henne på telefonen og vi visste hun var skarp. Eriksen hadde jobbet med henne i HP og Motorola. Hun var en prosjektleder av rang og igjen hadde vi fått bekreftet Eriksens imponerende nettverk.

Vi kjørte inn til byen og møtte Cato på byens italienske alibi, Il Forno, nede på kaikanten. Jeg tenkte våre engelske venner kunne like å se blått vann renne forbi i sundet, all den tid de stort sett fikk se mer grønnaktig, engelsk kanalvann til vanlig. Vi satte oss ved et bord med god utsikt over sundet og allerede før menyene lå på bordet, var praten godt i gang. Det ble et langt måltid, hvor vi fikk unnagjort alt det som ikke var verd å bruke dyrebar kontortid på. Linda var blitt en del av teamet og med henne hadde vi fått inn prosjektlederkompetanse på svært høyt nivå.

Neste dag var det full pinne med å få på plass papirene for CMC-autorisasjon i England. CMC stod for Complaint Management Company og denne autorisasjonen ville gjøre oss i stand til å hjelpe også engelskmenn med finanssaker, slik vi hadde gjort her hjemme helt siden den spede begynnelsen i 2013. I et forsøk på å unngå alt det styret vi hadde hatt her hjemme, hadde vi valgt å kontakte FCA – engelskmennenes versjon av Finanstilsynet – først som sist. De, samt et kobbel med advokater vi hadde hyret inn i England, hadde fortalt oss at vi uten problem kunne bistå med saker som Volkswagens utslippsskandale, men når det kom til finans og finansprodukter, da måtte vi ha en særskilt godkjenning. Det tok et halvt års tid å få den og det ville koste både tid og krefter ... og ikke minst penger. Linda var allerede på oppgaven og med hennes erfaring og kompetanse, følte vi oss godt ivaretatt.

En dag på kontoret bringer alltid muligheter, så mens Linda satt med Cato og gikk gjennom ymse CMC-punkter, fikk Eriksen og jeg tatt oss en prat om veien fremover. Han hadde nylig ferdigstilt et prosjekt han hadde hatt gående for et universitet i USA og var nå klar for å påta seg mer arbeid for Klagehjelp. Vi ble kjapt enige om at han skulle ta tak i ekspansjonen og bidra til at vi kom oss ut i den store verden.

Det var i hovedsak Cato som hadde jobbet med dette frem til nå. Det var for eksempel han som hadde organisert turene til København og London, booket møtene, hotellene, flyene og det hele. Jeg hadde selvsagt vært temmelig delaktig i selve møtene, men han hadde vært organisatoren og den som hadde valgt ut hvem vi skulle møte og ikke.

Driften i Norge tok imidlertid mye tid og jeg så det som fornuftig å kunne trekke veksel på Eriksens kompetanse og nettverk for å få oss opp og frem. Cato og jeg ville nok være involvert, men noen måtte holde i trådene og flytte på brikkene.

Dieselgate, VWs utslippsskandale, var det vi først hadde tenkt å sette i gang med i England – fire måneder tidligere. På grunn av den helsikes utsettelsen, var det nå allerede kommet på plass en gruppe på 25 000 engelske dieselbileiere og de var godt i gang med forberedelsene for å gå til sak mot VW. Toget hadde selvsagt ikke ventet på oss, det var i full fart på veg inn i nærmeste tunnel.

Jeg lurte på om det kunne være for sent å ta tak i Dieselgate i England, men ... det var tross alt 1,2 millioner berørte biler der borte og gruppen av søksmålsdeltakere, som konkurrenten vår hadde klart å samle sammen, talte tross alt bare 25 000. Om vi skulle ha en sjanse, måtte vi imidlertid få fart på sakene.

Det var helt klart fornuftig å få Linda og Eriksen over til Haugesund. Det kostet noen kroner, men vi tok det igjen på effektivitet og fremdrift. Vi lever i en høyteknologisk verden, men det er ikke mye som kan måle seg med fysiske møter. Vi fikk utrettet svært mye i løpet av dagen og vi fikk staket opp kursen for ukene som kom.

Før de reiste av gårde, fikk våre engelske venner vært med på den siste sendingen av Klagehjelp TV, før vi oppgraderte studioet. Vært til stede, er vel mer korrekt ... de satt utenfor skjermen, men sendte i det minste en hørbar hilsen inn i sendingen.

Vi hadde begynt å legge ut filmer tidlig i 2017, der vi tok opp nyheter rundt de sakene vi jobbet med. Studioet hadde vært i stadig utvikling og det siste nå var at vi hadde fått nyss om at dersom vi malte veggen bak oss grønn – i en eller annen bestemt grønnfarge som Cato hadde funnet frem til – så kunne vi vise grafikk bak oss mens vi filmet, i stedet for den etter hvert temmelig slitte og bølgete plakaten som hang der.

Det var i ferd med å bli temmelig proft. I tillegg hadde vi gått over til å sende på direkten og det både til Facebook og YouTube samtidig! Det var ikke måte på utvikling.

Det er slett ikke vanlig for norske selskap å rigge til et studio og sende direktesendinger, men mye av arbeidet vårt går ut på å nå ut til mennesker som er berørt av ulike saker og da føler vi at vi må gjøre alt hva vi er i stand til, for å høyne muligheten for å nå frem til dem.

Vi ønsker selvsagt at alle skal like oss, men det er tross alt viktigere at de vet om oss. Det er verre om de ikke har hørt om oss i det hele tatt, for da har de ikke fått muligheten til å delta. I og med at det er så viktig for oss at folk skal få muligheten til å delta i saker hvor de er berørt, får vi heller akseptere at vi tiltrekker oss oppmerksomhet også fra de som misliker oss og initiativene våre.

For å si det med Ivar Aasen sine ord:

Til lags åt alle kan ingen gjera;
det er no gamalt og vil so vera.
Eg tykkjer stødt, at det høver best
å hjelpa den, som trenger mest.

De som misliker oss, kan tross alt snakke om oss og helt uten at de ønsker det, bidra til at nye mennesker finner veien til Klagehjelp. Det som er tullete for ett menneske, kan meget godt gi mening for et annet.

I 2017 har vi vært langt mer synlige enn noen gang tidligere – og vi har også fått langt flere deltakere til de ulike prosjektene våre enn tidligere. Direktesendingene er selvsagt ikke det eneste avgjørende her, men de virker nok inn.

Vi tør å stikke hodene våre frem – vi tør å være synlige. Det verste for en bedrift er å være usynlig. Det kan virke som en temmelig komfortabel tilværelse, men det strider mot alt hva Klagehjelp står for. Vi er til for å hjelpe mennesker med å vinne frem – gjerne ved at vi skaper så mye støy at motparten finner det mest tjenlig å bare gjøre opp for seg og forlike *seg med kundene. Om motparten forstår at han risikerer å tape mer på å krangle med kundene sine, enn ved å gjøre opp for seg, da har både kundene og vi vunnet ... og over tid også motparten. Støy er et av virkemidlene våre ... så enkelt er det.*

De fire foregående månedene var selvsagt ikke bortkastet. Vi hadde fått utrettet en del, selv om vi hadde brukt veldig mye tid på å diskutere med ombudet. Det hadde stått svært mye negativt om oss i mediene, men på tross av dette hadde det vært et godt tilsig av nye deltakere til de ulike sakene. Likevel, hva om vi i stedet kunne ha brukt tiden på å gjøre det vi egentlig hadde sett for oss; nemlig å komme i gang i England? Hva om det var vi som hadde vært de første til å ta tak i dieselskandalen i England? Vi lå jo an til å bli de første, da vi satte i gang prosessen, men på grunn av all støyen her hjemme, hadde vi sett oss nødt til å dra i bremsen.

En skal ikke gråte over spilt melk ... det viktigste var ikke hva vi hadde gjort, men hva vi gjorde nå og ikke minst – hva vi hadde tenkt å gjøre fremover. Vi hadde mye vi skulle utrette, om vi skulle bli det selskapet vi ønsket å bli. Da kunne fokuset kun ligge fremover, og dagen i dag, akkurat nå, måtte brukes slik at vi mest mulig effektivt nådde dit vi ønsket å nå, raskest mulig. Vi måtte se fremover.

Eriksen og Linda hadde vært i byen halvannet døgn, da jeg svippet dem bort til flyplassen igjen. Et kort, men viktig besøk. Vi hadde fått stilt inn kursen og var på veg i ønsket retning.

TV 2

FREDAG 3. FEBRUAR skjedde det noe høyst uventet. Jeg satt fordypet i et eller annet, da en av selgerne kom inn til meg og gav meg en mobil. Det var innringertelefonen. Jeg liker stort sett aldri å få en telefon i hånden, uten å vite hvem som er i den andre enden, men da jeg spurte om hvem og hva, fikk jeg ikke noe svar ... ikke noe vettig i alle fall – bare et temmelig rart blikk. Nå satt jeg jo der med en mobil i hånden, så jeg løftet den til øret og presenterte meg.

Du verden – det var en eller annen fra TV 2! Han hadde fått med seg at vi jobbet med denne Nordic Group-saken og dette syntes han var temmelig interessant. Som vanlig, når de ringer fra mediene, svarte jeg på det han spurte om – vel vitende om at det gjerne kunne bli vridd og vrengt på.

Så langt er det tross alt Klagehjelp som er ulven i den norske versjonen av Dieselgate. Før historien avsluttes, har vi forbannet oss på at dette skal justeres og rettes opp i, men vi vet vi har et langt stykke å gå. Når mediene

11

... og forbrukermyndighetene ... først har tatt et standpunkt, virker det som en særdeles utfordrende oppgave å få dem til å endre holdning – selv når det burde være temmelig innlysende at de burde plassert ulvestemplet hos de som står bak skandalen og ikke de som forsøker å hjelpe de berørte.

Jeg fortalte TV 2-mannen at vi først hadde lest om saken på nettet og at jeg også hadde fått med meg at nettopp TV 2 hadde hatt en temmelig solid dekning av saken i nyhetssendingene sine, bare noen dager tidligere. Det viste seg at det var han jeg snakket med – han som hadde hatt denne saken på nyhetssendingen. Spennende!

Han nevnte at han ikke hadde hørt om oss tidligere, men at han nå hadde fått med seg at vi hadde tatt tak i dette med at bakmennene i The Nordic Group så ut til å ha verdsatt selskapet sitt til en halv milliard kroner – for så å selge aksjer til kunder av datterselskapet deres, det nylig avskiltede meglerhuset Nordic Securities. Det var liksom ingen som hadde fått med seg dette, men det hadde vi – dette syntes han var veldig spennende.

TV 2 satt på mer materiale – ting som ikke var vist på nyhetene enda, blant annet et intervju med en av Nordic-bakmennene, der TV 2 hadde spurt ham ut nettopp om denne ekstreme verdsettingen. Dersom de fikk med et innslag der jeg uttalte meg, hadde de nok til en ny reportasje.

Dette var oppløftende på flere måter. For det første at selveste TV 2 hadde tatt kontakt med oss og ville ha oss med i en reportasje ... på nyhetene på TV! For det andre, at de faktisk ikke hadde til hensikt å fremstille oss som skurkene i historien – dette var ikke bare oppløftende – det var smått utrolig!

Den vanlige fremstillingen av oss i norske medier var slett ikke noen hyggelig lesning, så forventningen da jeg hørte TV 2 i andre enden, var ikke all verden ... men så viste det seg altså at de ønsket å ha oss med for å forsterke det bildet de hadde til hensikt å male – og for en gangs skyld hadde noen i mediene faktisk konkludert med det samme som oss; at bakmennene i The Nordic Group hadde fått kunder av datterselskapet sitt til å kjøpe aksjer i et luftslott. Du verden..

De ville ha intervjuet så snart det lot seg gjøre, for å få det med på første mulige nyhetssending. Det var fredag og jeg hadde allerede planlagt å ta hele kontoret med ut på middag. Det vil si ... Bodil hadde planlagt det. På et morgenmøte et par uker tidligere, hadde jeg sagt at den dagen vi fikk 70 deltakere med i pressgruppene våre i løpet av én arbeidsdag, da ville det skje noe! 70 deltakere på én enkelt dag, ville tilsvare en økning på nærmere 50 prosent, så det var absolutt noe å strekke seg etter.

Samme dag som vi satte dette målet, fikk vi 101 nye deltakere! Jeg hadde ikke sagt hva feiringen skulle bli, men konkluderte med at det smarteste ville være å ta med hele gjengen på en bedre middag. Jobbfester er populære, men ikke videre sunne for kroppen og turer stjeler mye tid, så ... jo, en bedre middag, det var nok tingen. Jeg overlot det til Bodil å ta seg av detaljene og det endte med at vi nettopp denne fredagen skulle spise på India Gate – vi hadde planlagt å møtes bare noen få timer etter at TV 2 ringte.

Hadde vi ikke hatt planer, hadde jeg hevet meg i bilen og blåst opp til Bergen med det samme, men jeg ønsket ikke å bryte avtalen for kvelden, så vi snakket om muligheten for et FaceTime-intervju. De skulle komme tilbake.

Jeg angret meg sekundet etter at jeg hadde lagt på. Dette var jo en stor mulighet! Burde jeg ha lagt alt til side og gjort meg særdeles tilgjengelig? Jeg kunne tenke meg å ringe tilbake med det samme, men ville jo ikke skremme dem vekk heller. Jeg sendte en melding om at jeg, selv om vi hadde middagsplaner, selvsagt ville stille meg tilgjengelig hele kvelden – en Ole Brumm-variant..

Det ble noen meldinger frem og tilbake. Det bygget seg opp. TV 2 hadde diskutert saken og mente det ville være best om de kom til Haugesund for å filme fra kontorene våre. Innslaget fra Nordic Securities sine lokaler var stillestående og det kunne være bra med et intervju i mer actionfylte omgivelser.

De ville komme til Haugesund, for å besøke oss i Klagehjelp! Hvordan skulle dette gå? Vi hadde ikke akkurat landets flotteste lokaler. Vi hadde snekret det meste av møblene selv og strømledninger, padder og nettverkskabler hang rundt i lokalet i et salig kaos. Før vi flyttet inn her i mai 2015, hadde det vært to-tre ulike bedrifter her – samtidig. De hadde tydeligvis hatt litt ulike preferanser, for vi hadde ulike gulv i stort sett hvert eneste rom ... og selve rominndelingen var noe helt for seg selv. Til og med ansatte kunne gå seg vill.

20. FEBRUAR var jeg på kontoret 05:15.

■Det var mandag og i utgangspunktet ikke uvanlig at jeg var temmelig tidlig på kontoret, men ... den siste tiden hadde vært helt utenom det vanlige og det var på tide å få prosessert det hele. Slike ting krevde gjerne at jeg fikk sitte i fred med tankene i en periode og da var kontoret, tidlig på morgenen, et dertil velegnet sted.

Etter at TV 2 hadde vært på besøk, hadde både jeg og resten av gjengen i Klagehjelp vært temmelig spente på hvordan det hele ville bli vinklet og vist på skjermen. Vi hadde nok av selvopplevde eksempler, der journalister hadde fremstilt seg selv som våre beste venner, for så å svartmale oss etter alle kunstens regler. TV 2 hadde riktignok virket troverdige i alt hva de sa og gjorde. Gjentatte ganger hadde jeg tatt meg selv i å gå og glede meg til at reportasjen skulle komme på skjermen.

Og, omsider kom innslaget. De valgte å vise det fredag 17. februar, på 21-nyhetene! Det var Sturla Dyregrov som hadde sendingen – samme mann som hadde vært i Haugesund og intervjuet oss. Vi kunne ikke håpet på noe bedre tidspunkt ... fredagsnyhetene på TV 2 ... det var stort! Det var den største mediehendelsen som noen sinne hadde hendt oss. Fremstillingen av saken var helt enestående. TV 2 hadde holdt ord. De hadde i tillegg overgått alt hva de hadde forespeilet oss – aldri før hadde vi hatt noen bedre omtale, ei heller eksponering.

I tillegg til selve nyhetssendingen, la Dyregrov ut en artikkel på TV 2 sine nettsider. Alt sammen er å finne på denne adressen:

http://www.tv2.no/a/8925047/

Fredag 20. februar var en euforisk aften. Det var selvsagt noen som forsøkte å ødelegge kvelden; bare timer før nyhetssendingen, ringte en eller annen journalist fra Finansavisen. Også han ville snakke om The Nordic Group-saken. Han hadde imidlertid en helt annen vinkling enn TV 2. Finansavisen hevdet at Klagehjelp – og ikke minst jeg personlig – nå så en mulighet til å berike oss på disse stakkars menneskene som hadde tapt penger på The Nordic Group. Jeg la inn et smått bibelsk «det var dine ord», uten at det fikk ham på rett spor. Jeg sa til slutt at dersom han ønsket å fremstille oss som noen gribber, i god Finansavisen-ånd, så fikk han bare sette i gang.

Det var forresten litt merkelig ... en måned tidligere, hadde det også ringt en kar fra Finansavisen. Den gang var det Acta det gikk i. Olsen, leder i Acta-systemet, hadde rettet krass kritikk mot meg og Klagehjelp ... og Finansavisen hadde ventelig slukt agnet. De ringte for å få verifisert at jeg var en skurk. Acta-Olsen hadde til og med blandet inn vårt engasjement i VWs utslippsskandale – som om det var noe som var egnet til å sverte oss med. Jeg var på reisefot, så jeg ba om å få oversendt spørsmålene, for så å svare per e-post.

Artikkelen kom et par dager senere, men alt hva Olsen hadde liret av seg i forhold til Klagehjelp og alt hva jeg svarte i retur ... det var fullstendig utelatt. Godt for Olsen. Dette var første gang en journalist hadde valgt å vike. Det virket som om Finansavisen var uvitende om at Acta er noe av det verste som har hendt norsk finansnæring.

Artikkelen i seg selv var interessant. Olsen og et par andre Acta-hoder ble fremstilt som helter, som i løpet av få år hadde klart å snu skuta og få solgt Acta og de fleste av eiendomsfondene, slik at eierne kom godt ut av det hele.

Det var forståelig at alle Olsens stikk til Klagehjelp var utelatt, for motsvaret kunne ha ødelagt for heltefortellingen. Avisen burde gjerne i stedet ha satt seg inn i hvordan Acta og bakmennene beriket seg nok en gang gjennom salgene av Actas eiendomsfond til amerikanske Blackstone. Det hadde vært en interessant artikkel, i alle fall om man hadde grepet fatt i den varierte prisingen av fondene – som til alt hell genererte svært solide bonuser til Acta – men så langt er det ingen journalister som har tatt fatt i dette.

Jeg nevnte for journalisten at vi ville dukke opp på TV-skjermen senere på kvelden, der TV 2 dekket den samme saken – og hvor de hadde valgt å ikke utpeke oss som skurkene i historien.

Jeg angret på at jeg hadde nevnt TV 2 – hva om avisen nå gav gass og la ut noe i forkant av TV-sendingen ... kunne de klare å sabotere hele innslaget?

Jeg fikk det ikke med meg før noen dager senere, men Finansavisen flesket faktisk til med en tosiders artikkel neste dag. Etter Dagens Næringsliv, har jeg lenge antatt at Finansavisen er temmelig stor og viktig ... selv om mange har nevnt for meg at den er særdeles tabloid og ikke en avis å vektlegge.

Kun én gang har Finansavisen vært i stand til å gi oss god omtale – da var det en rent faktabasert artikkel om hvordan vi den gang hadde hjulpet rundt 600 DNB-kunder i å få tilbake over 180 millioner kroner. Det var ikke noe skryt å få den gang heller, men de holdt seg i det minste til fakta. Beklageligvis flyttet vedkommende journalist til Danmark like etter og med ham også objektiviteten.

Jeg har latt meg overbevise og vektlegger ikke lenger Finansavisen..

ETTER BESØKET i Haugesund, hadde Eriksen vært i full vigør. Vi var blitt enige om at han skulle ta ansvar for å få oss opp og frem i den store, vide verden. London kunne meget vel være et bedre utgangspunkt enn Haugesund for et slikt arbeid. Dette var selvsagt ingen liten oppgave, men det virket som han hadde kontroll..

Han og Linda drev nå og sjekket i nettverket sitt om de kjente noen som kunne involveres med tanke på oppstart i Spania. Jeg hadde en tanke om at den spanske arbeidsledigheten, som hadde vært svært høy helt siden finanskrisen, burde gjøre sitt til at spanjoler flest kunne være interessert i å delta i aktuelle saker, der de var blitt forledet, lurt og påført tap. Det virket heller ikke til at noen hadde tatt skikkelig tak i dieselsaken der – dermed var det absolutt noe å snuse på.

Det at vi nå hadde fått en skinnende fin omtale på TV 2, var helt klart positivt. Vi trengte å få fortgang på arbeidet også her hjemme og da var det godt å ha noe positivt i media. Det ville utvilsomt bli både kostbart og tidkrevende å etablere seg i Europa, så det var viktig at vi fungerte godt her hjemme. Alt stod og falt på at organismen i Haugesund var sunn, frisk og velfungerende.

Her hjemme hadde vi bare satt i gang, uten noen som helst forundersøkelser eller noe slikt. Vel, vi hadde kunnskap – vi kjente til motpartens mørke hemmeligheter. Vi visste hva vi ville, hva vi skulle gjøre – vi skulle bruke den kunnskapen vi hadde om finansbransjen og produktene, for å hjelpe folk til å få tilbake tapte penger.

Det var ingen ting som var i sin opprinnelige form. Det aller meste var blitt endret og justert en rekke ganger. Jeg har ikke tall på hvor mange justeringer vi har gjort – alt for å bli mer treffsikre, effektive og slagkraftige.

Vi hadde visst mye om problemet, om det grunnleggende, men vi hadde ikke særlig erfaring med å ta tak i og få gjort noe med disse tingene. Om vi hadde visst om all motstanden vi ville få, da hadde vi nok ikke satt i gang, men etter hvert som tiden gikk, ble vi herdet.

Nå som vi skulle i gang i utlandet, ønsket vi imidlertid ikke å hoppe rett inn i en kryssild. Vi skulle nok ha klart det – vi var tross alt vant til det, men i og med at vi nå hadde anledning til å forberede oss før vi gikk i gang, valgte vi å bruke tid på å navigere.

Eriksen og Linda var de som hadde fått oppgaven med å få oss trygt i havn i England, som en ønsket hjelpeinstans, på forhånd testet og godkjent av nødvendige – og kanskje til og med noen unødvendige – myndigheter. Det nærmet seg, men det var fortsatt et stykke å gå. Det innebar at vi inntil videre kun hadde kostnader i England. Først når alt var klart, kunne vi begynne å få inntekter ... det var helt klart en belastning, men vi var veldig bestemt på at vi skulle få det til.

Vi hadde i utgangspunktet alt for lave marginer til å ta slike satsninger over driften, uten lån, men det var slik vi til nå hadde operert og det var dette som var planen også fremover ... men ville det i det hele tatt være mulig? Kunne vi virkelig klare å etablere oss i Europa uten noen form for finansiering? Vi manglet kompetanse på disse tingene. Hvordan i all verden skulle vi navigere? Jeg hadde i grunnen ingen som helst anelse, men trøstet meg at Mark Zuckerberg var en ussel student da han dro i gang med Facebook. Han kjente sikkert heller ingen som hadde gjort noe lignende før. Jeg nevnte problemstillingen for Eriksen. Han hadde tross alt sittet i ledende stillinger i et knippe store, internasjonale selskap. Om han ikke satt på svaret selv, så visste han garantert om noen som visste mer enn meg om dette. I mellomtiden fikk vi i Haugesund gjøre hva vi kunne for at det hele kunne håndteres i egen regi.

TV 2-omtalen ... klokken var 07:23 mandag 20. februar og jeg gledet meg som bare det til morgenmøtet. Samtlige hadde garantert fått det med seg, men vi burde definitivt få vist innslaget på storskjerm under møtet. En god del ansatte var kommet på skjermen og stemningen ville være på topp. Nå gjaldt det å holde høyt tempo og nå ut til flest mulig, mens reportasjen var ferskvare. Vi hadde en åpning nå ... det siste som var sagt om oss i mediene var særdeles positivt – dette hadde bare hendt én enkelt gang tidligere, 31. januar 2015. Nå var vi der igjen. Du verden – dette var spennende!

Jeg bommet litt der ... uken etter TV 2-saken var preget av at mange var syke og holdt seg borte fra arbeidet. Vi hadde nettopp fått verdens beste mediedekning, men når bemanningen var så redusert som den var, da var det begrenset hva vi kunne få ut av det.

Murphys lov..

Uansett, veldig hyggelig med en positiv omtale – det varmet, ikke minst for det knippet av oss som hadde vært med hele veien.

TORSDAG 23. FEBRUAR tok Bodil og jeg turen til Stavanger. Hun hadde avtalt visninger på tre ulike adresser på Forus, oljeindustriens høyborg. De siste årene var det bygget uendelig mange næringsbygg på Forus. For meg var Forus opprinnelig synonymt med kjøpesenteret Kvadrat og etter hvert IKEA. På grunn av oljen, var Stavanger blitt superhot og Sandnes var på rekordtid vokst opp til å bli en temmelig stor by

... og så var det Forus. Det var blitt bygget ekstremt mange store, flotte næringsbygg der. Etter hvert som de oljerelaterte selskapene vokste, bygget de nye, større bygg, slik at troppene kunne sitte samlet. De hadde ikke før kommet inn i de nye byggene, før behovet meldte seg for enda større bygg.

Det var ikke så viktig med de byggene de flyttet ut av – tidene var fantastiske, så det ville garantert komme noen som ønsket å leie dem. Det var om å gjøre å få på plass nye bygg, slik at de kunne få fatt i enda flere ansatte. Pengene strømmet opp fra havbunnen og det var bare å forsyne seg ... enn så lenge..

Nå var det et par år siden oljesmellen traff og det var flere ting som tydet på at det verste kunne være over. Bodil og jeg tok turen til Forus og det var nesten som å se «Se vende»-skiltene i Spania. Etter finanskrisen har det vært ekstremt mange eiendommer for salg i Spania og uansett hvor en ferdes, blir en møtt av skiltene som annonserer eiendommer i alle fasonger og størrelser for salg og utleie. På Forus var det «til leie», «ledige lokaler», «ledige kontorlokaler», «kontorer til leie» ... skiltene var over alt. Et trist skue..

Bodil hadde booket visning på tre ulike adresser. Det første lokalet var helt fantastisk og etter visningen sa jeg til Bodil at om vi noen gang skulle lage reklamefilm om lokalene våre, da var det definitivt her vi burde filme den. Statoil, Telenor ... de kunne flyttet rett inn. Bygget var halvannet år gammelt og det var noe av det flotteste jeg hadde sett.

Cato og jeg var nylig i Oslo og besøkte regnskap, View Ledger, på deres nye hovedkontor i Dronning Eufemias gate – rekken med den norske versjonen av skyskrapere, like ved Sentralbanestasjonen. Det var et hinsides flott lokale – og nå hadde vi nettopp funnet et matchende lokale på Forus.

Også de andre lokalene kunne gjøre nytten, men vi endte til slutt på Golf Tower. Det tok ikke lange tiden å befolke lokalet og Forusgjengen vår kan glede seg over særdeles trivelige lokaler. Det er faktisk flere fra kontoret i Haugesund som tar turen for å jobbe derfra iblant – bare for nytelsens skyld. Vi får se om vi ikke får staset det litt opp i

Haugesund også etter hvert. Om klær skaper folk, kanskje lokaler også da skaper noe?

Ved å ha et godt tilsig av nye kunder, kunne vi både få på plass ny funksjonalitet, ta de pågående sakene fra steg til steg og i tillegg komme oss videre i arbeidet med å få Klagehjelp på plass på en større arena. Dermed var Forus naturlig. Det var bare et par timer unna Haugesund og fra det nye kontoret hadde vi tilgang til mange nye arbeidstakere.

Med å etablere oss på Forus, hadde vi faktisk lykkes med en reell ekspansjon også – det var slett ikke ille. Vi tenkte egentlig ikke over det mens det stod på – vi ville bare legge til rette for at folk også fra sørfylket kunne jobbe i selskapet. Vi hadde flere som hadde ytret ønske om dette i løpet av de siste par årene, så nå tok vi mot til oss og fikk ordnet med et lokale. Med det fikk vi også en ny avdeling og altså en ekspansjon. Vi hadde jobbet og stått på i mange, mange måneder for å ekspandere ... og så kom det til mer eller mindre ubevisst, ved at vi bare gjorde et par logiske manøvrer..

Vi hadde bestemt oss for å finne frem til aktuelle lokaler på Forus, men jeg hadde ikke vært involvert, annet enn å be noen om å finne ut av det. Det ble til at Bodil hadde tatt telefonen fatt og ordnet med noen visninger. Jeg hadde egentlig hodet en rekke andre steder, helt til vi stod utenfor det første lokalet. Kort affære – neste dag bestemte vi oss for hvor vi skulle være.

Commit first, figure it out later.

Jeg var så fokusert på at vi skulle opp og frem i England, at jeg fikk knapt med meg at vi åpnet kontor på Forus – selv om jeg var involvert fra visningene og ut. Andre tok initiativet – og resultatet ble veldig bra ... det er viktig å ha flinke folk rundt seg..

OVERBLIKK

HVER GANG jeg er borte fra kontoret noen dager, får jeg noen tanker og idéer knyttet til både driften og nyvinninger. I det daglige er jeg gjerne helt oppslukt i oppgavene, mens når jeg er på reisefot, da evner jeg å få et snev av overblikk. Dette skjer selvsagt i hverdagen også, men når en er borde fra kontoret, da kommer det langt lettere. Det er egentlig svært så nyttig..

Det var mandag i vinterferien og jeg satt og ventet på soloppgangen like utenfor La Cala de Mijas i Sør-Spania. Jeg satt i sofaen, med laptopen i fanget. En flaske vann, en kopp kaffe, morgenkåpe og tøfler ... og familien sov. Helt topp.

Jeg funderte over alle de nye deltakerne vi hadde hatt så langt i år. Det sprengte alle tidligere skalaer. Alle våre tidligere prestasjoner var blitt gjort til skamme. Folk hadde meldt seg inn i pressgruppene i hopetall.

Da klokken passerte 06:00, logget jeg meg inn i nettbanken. Det er tre bankkjøringer daglig i ukedagene og den første er 06:00 – jeg logger alltid inn da – det er viktig å ha kontroll. Jeg satt og ventet på soloppgangen og innså med ett at det var noe som skurret.. Innbetalingene stemte absolutt ikke overens med påmeldingene. Mandagen er den klart beste dagen for innbetalinger – både fordi mange sitter og betaler regninger i løpet av helgen, men også fordi mandagen tar for seg tre dager med forfall. Med tanke på alle påmeldingene vi hadde hatt, burde også innbetalingene ha sprengt alle tidligere skalaer, men det gjorde de ikke. Hvordan kunne det ha seg?

Det var vinterferie på Vestlandet og mange av selgerne våre hadde tatt seg fri – enten fordi de ønsket det, eller fordi de så seg nødt til det, i og med at det var ferie på skoler og i barnehager.

Admin derimot, de skulle være på jobb. Det samme skulle salgslederne. Vi hadde så mange ting som pågikk med tanke på ekspansjon, systemutvikling og advokatbistand – det var viktig å få inn mest mulig av utestående kapital.

Jeg sendte en e-post til samtlige i admin og salgslederne, der jeg dro gjennom situasjonen med at antallet deltakere ikke speilet seg i summen av innbetalinger og at uken med redusert bemanning på salg, åpnet for at de alle kunne ta telefonen fatt og følge opp utestående fakturaer. Etter at soloppgangen var unnagjort, snakket jeg med Cato og fikk overlevert oppdraget også muntlig.

De neste dagene kom det forslag om forbedrede purrerutiner, nye salgssamtaler og det ene med det andre – alt veldig bra. Mange av tingene, eller kanskje samtlige av dem, var slikt som burde tas i det daglige og justeres underveis, så det var egentlig litt merkelig at dette dukket opp så konsentrert. Først mot slutten av uken fant jeg ut at mye av fokuset hadde ligget på nettopp dette, forbedring av prosesser og rutiner, i stedet for å plukke opp telefonen. Det var unntak, men svært mye tid var brukt på de lange linjene, i stedet for de umiddelbare tiltakene. Jeg hadde ikke fulgt opp godt nok..

Vi hygget oss på stranden, fant frem til det største ridesenteret jeg noensinne har sett – «Hipodromo Costa del Sol» – delte fantastiske måltider og hadde det veldig fint sammen. Jentene fikk være med på å vurdere ulike lokaler og beliggenheter, med tanke på ekspansjon til

Spania. Vi diskuterte livet, skole og forretning – det var en fantastisk fin og kjærkommen tur ... og oppi alt dette fikk jeg et fint overblikk over det hele. Jeg ble ikke mindre overbevist om at Klagehjelp har mye viktig arbeid å gjøre, både hjemme og i utlandet. Om vi som styrer ståket er de riktige, eller de beste til oppgaven – det er ikke sikkert, men vi er de beste vi har for øyeblikket. Dermed får vi ta utfordringene fatt som best vi kan og hele tiden sørge for at vi gjennomfører arbeidet etter beste evne.

Når vi omsider legger arbeidet fra oss – forhåpentligvis når vi er langt inne i alderdommen – da håper jeg at vi kan klappe oss selv på skuldrene og si oss godt fornøyde med arbeidet vi har utført og innsatsen vi har lagt ned. Slik ønsker vi det skal være og det er opp til oss selv at det faktisk blir slik.

For å ha noen reell mulighet til å komme dit, er vi nødt til å fokuset på det som ligger foran og bruke dagen på å bevege oss i riktig retning.

Det å dukke opp til overflaten og få luft iblant ... eller det å fra tid til annen å få et snev av overblikk ... det er nok viktig for oss alle. En er stort sett så oppslukt av de hverdagslige gjøremål, at en kan miste retning og komme ut av kurs. Ofte går vi i lange perioder, uten å sjekke hvordan vi ligger an ... mange av oss har kanskje ikke en plan en gang. Vi er strukturerte på så mangt, men livet selv, der mangler vi ofte en overordnet plan – temmelig merkelig.

INSPIRASJON

TIDLIG I 2017 hadde jeg fått med meg at selveste Grant Cardone, en levende salgslegende, skulle ha en konferanse, hvor både han og rundt 20 andre erfarne forretningsfolk skulle foredra om ulike emner, alle relatert til selskapsutvikling.

Jeg hadde ikke vært på noen konferanse på årevis – hva slags konferanse skulle vel være aktuell for oss i Klagehjelp? Så fikk jeg altså nyss om denne her ... en konferanse hvor en rekke erfarne forretningsfolk skulle dele av sin oppsamlede kunnskap og visdom..

Konferansen varte fra fredag til søndag og var lagt til et storslått konferansehotell i Miami. Cato og jeg tok turen sammen med salgslederne. I og med at vi hadde reist så langt, var jeg fast bestemt på å besøke kontoret til Cardone i forkant. To dager før konferansen var Cato og jeg innom konferansehotellet, Diplomat, på morgenkvisten. Ingen av folkene til Cardone var der – det var en helt annen konferanse som ble avholdt og det var overhodet ingen hint om vår konferanse noe som helst sted. Det slo meg at Diplomat var en konferansefabrikk, der alt gikk på skinner. De gjorde konferanser i en helt annen skala enn hva jeg hadde opplevd tidligere og det hele var så velfungerende at de kunne rigge til vår egen konferanse på få timer.

I og med at ingen av folkene til Cardone var på hotellet, måtte de være på kontoret. Vi fant frem adressen og hev oss i en taxi. En liten halvtime senere, stod vi utenfor noen banklokaler. Der stod bilen til Cardone parkert, en hvit Rolls Royce Wraith. På dørmatten ved inngangen, var initialene GC inngravert – vi var på riktig sted.

Da vi kom inn i lokalene, ble vi møtt av en særdeles hyggelig og positiv resepsjonist ved navn Chris. Han syntes det var svært hyggelig at vi hadde tatt turen helt fra Norge, men det var ingen mulighet til å få hilse på Grant Cardone. Han var altfor opptatt nå, like før konferansen. Folk kom reisende fra hele verden for å møte ham, men det var ingen som slapp til uten avtale. Jeg visste at en avtale kostet flere tusen dollar, så det var bare å innrømme at vi ikke hadde noen slik.

I stedet for å ta imot oppfordringen om å bevege oss ut av lokalet, spurte jeg om det gikk an å få kjøpe noen av varene deres, i og med at vi likevel var kommet til hovedkontoret. De selger en rekke saker og ting fra nettsidene sine – bøker og annet. Dette var selvsagt i orden.

Vi brukte god tid på å handle litt av det ene og litt av det andre og Chris var svært behjelpelig. Shoppingen varte i en halvtimes tid. Jeg hadde jo sett bilen til Grant utenfor, så jeg visste han var i lokalet – vi hadde all verdens tid..

Mens vi stod der foran skjermen til Chris og pekte på de ulike tingene vi ville ha, kom Grant til syne. Han guidet folkene sine på ulike ting og de begynte å filme et nytt innslag til Facebook og YouTube. Det handlet om den nært forestående konferansen og et eller annet spesialtilbud.

Han la selvsagt merke til Cato og meg som stod der og hadde en trivelig samtale med Chris, som nå var temmelig begeistret over det lettvinte salget. Han hadde allerede lovet oss å forsøke å få Grant til å signere de tre bøkene vi hadde bestilt. Han kunne selvsagt ikke love noe, men han skulle gjøre et ærlig forsøk.

Med ett kom Grant bort og håndhilste på oss. Vi fikk lagt inn at vi var kommet hele veien fra Norge for å delta på konferansen hans – dette likte han selvsagt. Han gikk av gårde igjen og begynte å snakke med en av karene sine som drev og redigerte klippet de nettopp hadde filmet. Det var bare en skillevegg mellom oss ... og av en eller annen grunn fortalte vi at vi var vikinger – da lyste han opp. Han var også viking! Han nevnte at de kanskje burde ha filmet Cato og meg, før han falt inn i redigeringen igjen.

En dame kom bort til oss med en stor pose – det var alt vi hadde handlet. Over 400 dollar i bøker og annet. Hun plukket opp bøkene og viste oss at alle var signert. Grant fikk dette med seg og kom bort, fant frem en penn og begynte å skrive i bøkene.

Jeg takket ham og spurte om det var mulig å få se studioet hans. Det var det selvsagt. Han har flere sendinger derfra hver eneste dag og det er en veldig viktig del av markedsføringen hans. Kanskje satte han pris på at vi viste så stor interesse for dette? Cato viste ham et bilde der han og jeg filmet fra studioet vårt i Haugesund og dette likte Grant godt – ikke minst da vi fortalte at det var etter inspirasjon fra ham selv. Han gav oss en omvisning i studioet og lot oss til og med få teste det – mens han selv filmet og kommenterte. Fantastisk.

Da vi kom ut igjen til staben hans, fikk han hele kontoret til å reise seg og klappe for vikingene som var kommet hele veien fra Norge. Det ble en fotoseanse, med Grant i midten, flankert av Cato og meg. Jeg plukket frem det bærbare studioet – det vil si selfie sticken og mobilen – og spurte om det var greit at vi filmet en liten hilsen til gjengen hjemme i Haugesund. Grant var i perlehumør og hadde ingen ting imot dette. Jeg hadde så vidt fått skrudd på kameraet, før han tok tak i selfie sticken, gikk gjennom lokalet og fremførte en fantastisk hilsen til folkene hjemme i Haugesund. Han avsluttet med

You´ve got a good product
You´ve got a good company
Sell it like a Viking!

Det var helt utrolig. Slikt som dette skjer ikke. Dette er en mann som jeg i utgangspunktet hadde tenkt helt utilnærmelig. Han opererer på et helt annet nivå enn oss og i tillegg var han særdeles opptatt med å forberede den første konferansen i sitt liv – og det for nærmere 3 000 deltakere ... men her stod han altså og engasjerte seg i oss. Vi skulle videre og avtalte å treffe Grant og gjengen hans på konferansen. Chris, som var helt over seg over hva som nettopp hadde skjedd, lovet å ta imot oss når vi kom. Han bestilte en taxi til oss og fulgte oss ut.

Neste dag bestemte vi oss for å ta en tur på kanalen. Miami har en evigvarende sandstrand, som går snorrett langs kysten. Litt inn fra stranden, går det en bred gate. Da er en nesten fremme med kanalen. Denne går i flere kilometer, også den snorrett og parallelt med stranden. Mellom stranden og kanalen er det menger av restauranter, hus, leiligheter, hoteller og annet – og et godt stykke av veien går det også en nydelig strandpromenade. På andre siden av kanalen, der har de pengesterke sommerhusene sine. Svært mange av dem står tomme store deler av året – akkurat som de norske hyttene på fjellet ... mange av dem står tomme i flere år – det er status å ha dem, uavhengig av om de blir brukt eller ikke.

Vi skulle ta en tur med båten Jungle Queen rundt om i kanelen – det vil si kanalene – det viste seg at kanalen hadde forgreninger rundt om innover ... over alt var det enorme villaer ... og de kostet visst alle fra fem millioner dollar og oppover.

Alt dette var veldig fascinerende og vi hadde en veldig fin opplevelse. Det som imidlertid var mest fascinerende, var turen fra hotellet til båten og tilbake igjen. For første gang i mitt liv tok jeg en Uber-taxi. Hjemme er Uber strengt forbudt, men her var det fullt lovlig og veldig utbredt. Til nå hadde vi kun tatt de vanlige gule taxiene og vi hadde lært at det var svindyrt. Uber var noe helt annet. Det var langt rimeligere, bilene var stort sett mye nyere og finere ... og sjåførene var også meget hyggelige – og de var over alt. Fra vi bestilte bilen, tok det kun et par minutter, før den parkerte ved siden av oss – alt var styrt via en app og GPS. Vi tastet bare inn hvor vi skulle, appen visste hvor vi var og viste oss hva det ville koste. Det kostet bare en brøkdel av en yellow cab.

I tillegg kunne vi velge hvilken type bil vi ville ha – alt fra helt vanlige biler, til mer luksuriøse biler ... og alt ble altså styrt med noen små trykk på telefonen – det var intuitivt, enkelt ... rett og slett genialt.

Med ett så jeg for meg hvordan Klagehjelp burde bli.

Et avbrekk, kombinert med en ny opplevelse – det vekket inspirasjonen. Det var en særdeles ambisiøs idé jeg hadde fått. I mitt hode var den rett og slett briljant. Tiden vil vise om vi lykkes i å implementere den – mer kan ikke nevnes i denne omgang.

Det var mye bra som hendte i Miami. Samtlige foredragsholdere var vel verdt tiden vår og vi lærte svært mye. Det at vi hadde lyktes i å knytte bånd til Grant Cardone og et knippe av de ledende skikkelsene hans, det var både uventet og helt suverent. De går for å være verdens klart beste salgsorganisasjon ... og det som slo meg, var at de opererte særdeles likt oss. Også de var genuint opptatt av å hjelpe andre og de hadde metoder og mål som var svært like våre. Det var temmelig oppløftende å tilbringe tid med dem, for det var så overraskende mye som var likt. De var selvsagt flere hakk bedre enn oss på mye – kanskje det aller meste – men så var de også sammensatt av folk fra hele USA, mens vi var sammensatt av folk fra Haugalandet. Det var smått utrolig at det kunne være så mye likt i hvordan det hele fungerte.

På veg tilbake til flyplassen, svingte vi alle innom kontorene til Cardone igjen. Denne gangen var det nesten enda verre – Chris kom ut og hilste på oss, men måtte beklageligvis informere om at vi ikke kunne komme inn en gang – de hadde blitt nedrent av folk i etterkant av konferansen og hadde sett seg nødt til å sette strek. Det varte ikke lenge før vi alle var med på omvisning rundt i hele lokalet, hilste på folkene og Cardone kom og klagde på at vi ikke allerede hadde sikret oss billetter til neste års konferanse. Hans kontroll over økonomien og kundene overrasket og imponerte meg.

En flott avslutning på en strålende konferanse – vi hadde mye mer enn klær med oss i bagasjen hjem igjen.

SALG

DETTE OG NESTE KAPITTEL handler om salg, selgere og avlønning. Hvorfor bruke plass på dette? Jo, i Klagehjelp bruker vi mye av tiden vår på å nå ut til mennesker som er berørt av ulike saker. Hensikten er at de skal få nødvendig informasjon til å kunne ta stilling til om de ønsker å engasjere seg i saken eller ikke.

De er allerede berørt av saken, men det er ikke det samme som å være engasjert i den. Vi kontakter kun mennesker som er berørt av saker vi har valgt å ta tak i, men det er opp til den enkelte å velge om de ønsker å engasjere seg i å få gjort noe med det – om de ønsker å ta tak i det.

Dette er salg. Vi ønsker at flest mulig av de vi er i kontakt med, skal delta i den aktuelle saken. Vi ønsker at de skal mene det samme som oss, etter at samtalen er over – altså ønsker vi å selge inn en tanke, en oppfatning, et engasjement. Vi er en salgsbedrift og derfor er det naturlig å bruke plass på å drøfte litt rundt salg, selgere og til og med avlønning.

De fleste av oss foretrekker fastlønn – det er trygt. Jo høyere den er, jo bedre er det ... og vi forventer selvsagt at den stiger fra det ene året til det neste. Forventningen er så rotfestet i oss, at vi tillater oss å øke forbruket år for år, nærmest i forvissning om at inntekten kommer til å øke ... nærmest av seg selv. I tillegg ønsker vi overtidstillegg for alt arbeid utover 37,5 timer i uken, samt alle mulige slags goder og tillegg utover dette – og gjerne bonus for ulike ting, for eksempel om vi skulle klare å oppnå ulike mål – som for øvrig bør være temmelig realistiske og absolutt innenfor rekkevidde.

Slik tenker vi, det er liksom en del av det norske system. Da jeg arbeidet som lærer, var mine eneste tanker om lønn at den kom inn på konto den 12. hver måned og den var eksakt lik hver gang. Om jeg skulle øke i lønn, måtte jeg ta påta meg ekstra ansvar, eller ta tilleggsutdanning. Jeg påtok meg det som var tilgjengelig og kjørte full utdanning ved siden av full stilling.

Da jeg jobbet i IT, ble jeg så innbringende for bedriften, at de satte meg til å lede en avdeling

... før andre avdelinger også ble flyttet inn under mitt lederskap. Dette gav meg større ansvar, høyere lønn, større muligheter for bonus ... en rekke privilegier – selv om alt selvsagt var avhengig av at de andre også gjorde sitt for at ting skulle fungere og at vi alle skulle lykkes. Grunnen til at jeg fikk disse opprykkene, var selvsagt at bedriften så at det var lønnsomt for dem å slippe meg til på en stadig større arena. I motsatt fall, hadde de nok raskt dyttet meg ned igjen.

På denne tiden jobbet svogeren min i finans og han ble min finansrådgiver. Da jeg etter seks år sluttet i IT, ba jeg om et møte med sjefen hans – en time senere var også jeg finansrådgiver. I finans var jeg min egen lykkes smed. Vi hadde felles mål og bonuser, men etter flere år som leder, så jeg nå klart hvor ulikt folk bidro. Jeg hadde opparbeidet meg en særdeles god arbeidsmoral, jeg hadde et godt driv og en stor motor. Jeg var driftig og i finans ble individuelle prestasjoner belønnet. For første gang opplevde jeg at jeg kunne gjøre det bra, selv om andre sluntret unna og sløvet. Tidligere hadde disse alltid dratt med seg resten ned, slik at det var opp til de som stod på å redde og bære det hele mer eller mindre på egenhånd. De som stod på, bidro til at forskjellige gratispassasjerer oppnådde mange av de samme fordelene som de selv. Jeg var vant med å styre titalls mennesker og være ansvarlig for at vi som enhet lyktes – nå hadde jeg ansvar kun for min egen suksess og den var fullt oppnåelig, uavhengig av hva hun eller han på nabokontoret brukte dagene på. Det var veldig befriende.

To år senere var jeg imidlertid leder for kontoret og igjen hadde jeg fokus på teamets prestasjoner. Det var gode tider for selskapet og vi ønsket å vokse. Jeg hadde rekruttert en rekke ressurser inn i IT-selskapet og da var CVen svært tungtveiende. Huller i CVen, svake karakterer, hyppige jobbskifter – det var mange grunner til ikke å slippe folk til på intervju. I finans var det imidlertid annerledes. Det var vanskelig å forutse hvem som ville lykkes i jobben eller ikke, derfor var vi åpne for at folk kunne få prøve seg. Papirene var ikke det viktigste – arbeidsmoralen avgjorde. De som stod på, de ville lykkes. Så enkelt og på samme tid så vanskelig.

Det var fryktelig skuffende å se hvor mange som valgte å gi seg, så snart de møtte på hindringer og utfordringer ... og faktisk enda verre var det å se på de som fortsatte på akkurat samme vis, uten noen tegn til læring eller endring ... bortsett fra at det gradvis gikk litt og litt lengre tid mellom hvert forsøk på å lykkes. Etter en stund satt de bare der, uten å gjøre noe som helst ... kanskje ventet de på en eller annen guddommelig inngripen? Vegring for å operere utenfor komfortsonen, gjorde sitt til at de valgte å gi opp i stedet for å forsøke å teste og utvide komfortsonen sin og bli en mer foredlet og herdet utgave av seg selv.

De som klarte å slippe tak i stoltheten, de som turte å prøve og feile, der hvor de aldri tidligere hadde forsøkt seg ... det var ikke mange av disse, men de som våget å dumme seg ut overfor kollegene sine, ved å lære seg nye ferdigheter utenfor de vante omgivelsene ... de lyktes og ble etter hvert veldig flinke. Det var bare så synd at det var så få som var villige til å gjennomgå denne tilvenningen, denne nødvendige opplæringen. Det var svært mange som ville ha lyktes, om de bare hadde holdt ut – men som altså gav seg i god tid før innsatsen begynte å bære frukter. Dermed fikk de bekreftet for seg selv at de ikke var selgere. De hadde jo på en måte rett – de hadde ikke utviklet ferdighetene for akkurat denne jobben enda, men så hadde de heller ikke ofret nødvendig tid, ei heller energi. Det koster å lære seg nye ferdigheter – ingen ting kommer helt av seg selv.

I en slik verden, hvor enkelte tar opp kampen med seg selv og omgivelsenene, og utvikler seg til å bli dyktige – i en slik verden synes jeg at prestasjonslønn er det aller beste. Det kan se enkelt ut, men det er bare fordi de er så flinke i det de gjør – akkurat som en veltrent idrettsutøver, som har mestret alle nødvendige ferdigheter. Det kan se lett ut når bordtennisspilleren plasserer seg langt unna bordet, fisker opp ballen like før den når bakken og sender den i en elegant bue over til motspillerens side, før den treffer bordkanten på lengst borte fra motspilleren. En mester får det til å se lett ut – uavhengig av fag.

Svært mange salgsorganisasjoner belønner alle selgerne likt – og gjerne en del lavere enn øvrige ansatte. I mange organisasjoner er selgerjobben lavstatus og målet for mange av selgerne er å jobbe seg innover og oppover i bedriften, slik at de slipper å selge, men i stedet kan bruke dagene på mer administrative oppgaver. Oppgaver hvor en gjerne burde hatt noen papirer å slå i bordet med, men hvor en kanskje kan ha en mulighet for å slippe til – om en bare har prestert som selger over en viss periode.

Ofte er det dessverre slik, at flinke selgere får opprykk – bort fra salg og inn i administrative eller ledende stillinger. Jeg har selv rekruttert mange dyktige selgere og konsulenter inn i ledelse. Stort sett har dette vært motivert av troen på at vedkommende vil bidra til at de andre vil løfte seg under ledelse av en flink selger. Det slett ikke alltid det er slik at en god selger har det i seg å avle andre gode selgere, men det er vel stort sett dette som er motivasjonen for å flytte dem ut fra salg og over i ledelse. Jeg var eksempelvis selv konsulent, da jeg ble satt til å være leder for konsulenter og jeg var selv finansrådgiver, da jeg ble satt til å være leder for andre finansrådgivere.

Det er imidlertid risikabelt å sette dyktige selgere ut av spill, for at de i stedet skal gå inn som hyrde overfor de øvrige selgerne. Selgerne er imidlertid de viktigste ressursene i de aller fleste bedrifter. Forskeren som er på sporet av en vidundermedisin, vil gjerne aldri få ferdigstilt arbeidet sitt, om han ikke evner å hente inn støtte, slik at han kan få forsket i fred og ro over tid ... eller uten å få hentet inn nødvendige impulser og nødvendig kompetanse. Han vil gjerne aldri få fullført arbeidet sitt, om han ikke evner å selge inn idéen om at dette er vel anvendt tid – en god investering.

Selgere er ikke bare de som står i butikken og selger klær, elektronikk, biler og annet. Selgere er de som får andre til å endre mening, som lykkes i å få tilhengere, oppslutning ... de som klarer å skape en bevegelse fra der en er nå og i retning av der en ønsker å være. Selgerne er drivkraften i de fleste bedrifter. Ledere er også selgere – de er nødt til å selge inn forståelsen av at arbeidet de utfører i bedriften er av betydning, at det er viktig for andre enn kun dem selv. Admin er også selgere – de er nødt til å få resten av de ansatte til å forholde seg til et rammeverk, ved å få dem til å se at dette er fornuftig og noe som gagner dem alle. Videre utfører de en rekke støttefunksjoner, som gjør at salgsinnsatsen kan strømlinjeformes og utføres mest mulig effektivt.

Vi er alle selgere.

De mest rendyrkede selgerne, er selvsagt de som har oppgaven med å hente ny butikk inn til foretaket. De som sørger for at foretaket får byttet sine varer og tjenester mot kapital. Denne kapitalen brukes til lokaler, lønn, rekvisita, drift, utvikling og alt annet. Om selgerne fungerer dårlig, forverrer situasjonen seg for foretaket. Om selgerne fungerer bra, forbedrer situasjonen seg. Tar en det bort fra gruppen og ned på individet, blir det da slik at dårlige selgere er en belastning for foretaket, de middelmådige gjør at foretaket også i fremtiden vil befinne seg mer eller mindre der de er ... mens de gode selgerne, det er de som bidrar til å løfte foretaket til nye høyder, ved å gjøre dem i stand til å utvikle nye varer og tjenester, samt få disse vekslet mot ny kapital, som igjen gir rom for mer vekst.

En dyktig selger har stort sett en rimelig god oppfatning av at hun eller han er betydningsfull for bedriften. En slik selger synes ofte ikke at det er greit at de belønnes likt selgere som presterer langt dårligere. De vet utmerket godt at det er lett å få tak i dårlige selgere, for ikke å snakke om administrative ressurser, mens dyktige selgere, de er det langt verre å få tak i.

Begrepet selger er et negativt ladet begrep og gjennom oppveksten og utdanningen, velger folk flest seg inn mot andre retninger ... før en del av dem senere i livet finner ut at de faktisk passer godt innen salg – ofte kommer dette som en overraskelse og ofte må man overbevise omgivelsene om at det er verd å gi det et forsøk. Det å gi opp som selger er rimelig akseptert – omgivelsene vil helst se deg innen en annen bransje likevel..

For noen år siden satte et vennepar seg fore at de begge skulle bli forfattere. Dette var en svært uvanlig beslutning. Jeg ble kjent med dem på lærerhøgskolen og de jobber fremdeles som lærere. Samtidig har de begge skrevet bøker og bøkene er utgitt i flere land. Dette vitner selvsagt om sterk vilje og gode ferdigheter, men det som virkelig har imponert meg ... der er salgsinnsatsen deres. Uten denne, ville de aldri ha lyktes i å realisere sin felles drøm om forfatterliv.

De bruker nok mye tid på skriveriene – dette kjenner jeg ikke til, men jeg observerer at de bruker mye tid på markedsføringen, salget.

Jeg er sikker på at de har definert seg som forfattere, men jeg vet ikke om de har definert seg som selgere – men de er begge selgere av rang.

I mange bedrifter blir alle selgerne likt avlønnet, uavhengig av prestasjoner. Gjerne ligger de en del lavere enn administrative ressurser. De har ofte mulighet for å hente hjem én eller flere bonuser i løpet av året, men ofte fordeles disse da jevnt på de øvrige selgerne – eller også andre ansatte.

Slike ordninger oppleves som rettferdige ... av mange. De er imidlertid langt fra rettferdige – de innebærer en utnyttelse av de som virkelig bidrar, til fordel for de øvrige. Med slike ordninger, blir det til at jo mer en bidrar til bedriften, jo lavere blir belønningen i forhold til innsatsen.

Dette var kanskje noe av problemet i Sovjetunionen, der en ble lønnet etter behov, ikke etter hva en utførte. Jeg husker faderen fortalte at bussjåfører kunne tjene mer enn leger der borte, dersom de eksempelvis hadde flere barn. Det var et system som ikke belønnet individet for innsats ... og dermed et system som la til rette for snylting.

Det er ikke viktig for en bedrift å ha mange ansatte. Det er ikke slik at jo flere ansatte en har, jo bedre går det. Nei, det viktige er å ha de riktige ansatte, de som skyver foretaket opp og frem – de som hver dag utgjør en forskjell. Det rettferdige ville være at samtlige ansatte i en bedrift ble belønnet basert på bidraget inn til bedriften. Det burde ikke vært styrt av type stilling eller tittel, men av bidrag.

Så enkelt og så vanskelig. Selv om de kanskje ikke ser det helt selv, er samtlige ressurser i Klagehjelp selgere. Jeg selger visjonen og misjonen vår inn til alle våre ansatte. Selgerne våre tilbyr hjelpen ut til kundene – de som er berørt av alle skandalene. Hva så med alle de andre i selskapet? Salgslederne er temmelig opplagte – de hjelper selgerne til stadig å utvikle seg og til å bruke tiden sin mest mulig fornuftig.

Hva så med de rent administrative ressursene? Det finnes ingen rent administrative ressurser.

Joda, det er mange i Klagehjelp som bruker hele dagene på rent administrative oppgaver, men ... hver gang vi syr sammen et nytt kundeskriv, er de administrative ressursene svært involvert i utformingen av dette, samt hvordan det skal distribueres til kundene. Dermed er de, om de ser det eller ikke, svært involvert i salget de også. Hvordan budskapet forfattes og hvordan det gjøres tilgjengelig, hvilke betalingsløsninger vi tilbyr ... alt dette virker inn på salget og vår evne til å hjelpe flest mulig mennesker. Alle i bedriften er avhengige av bedriftens evne til å selge.

Det var dette jeg innså, etter hvert som jeg så betydningen av salg – og etter hvert som jeg forstod at salg er mer enn å bare bytte en vare mot en annen. Først innså jeg at jeg i alle intervjusituasjoner har solgt meg selv. Etter hvert som jeg resonnerte meg utover i tankerekkene, innså jeg at salg er så mye, mye mer. Det er helt avgjørende for eksistensen av enhver bedrift.

Selgerlønn bør altså være basert på den enkeltes bidrag og prestasjoner. Lønnen til hver enkelt ansatt, uansett rolle, stilling eller tittel

61

bør være styrt av i hvilken grad de bidrar inn mot bedriften. De som beveger bedriften fra der den er i dag, i retning av der den ønsker å være – det er de som bidrar til ønsket utvikling og de bør belønnes for det.

Det ville trolig være en temmelig umulig oppgave for hver enkelt bedrift å kjøre individuelle avlønninger, som måned for måned ble beregnet på individnivå, men dette med den enkeltes bidrag inn mot bedriften ... det bør absolutt tas med i vurderingen. Det ville være rettferdig – ikke likt, men rettferdig.

DE DYKTIGE SELGERNE

DET ER FORT GJORT å ende opp med en endeløs leting etter de dyktige selgerne. Det er også veldig fort gjort å konkludere med at en ikke kan salg og at salg ikke passer for en. Se for deg en idrettsutøver. I løpet av karrieren sin, skal han stille til start på 100 løp. Samtlige ville være enige om at det ville være utrolig dumt å velge å gjennomføre løpene først, for så å gruble over hva en kunne lære av dette – hva en kunne gjort annerledes, for på den måten å ha en bedre mulighet for å prestere på et høyere nivå. Det finnes ingen idrettsutøver i verden som ville velge å angripe situasjonen slik.

Idrettsutøvere trener i uker, måneder og år før viktige løp. De studerer konkurrenter, setter seg inn i deres styrker og svakheter, de ser på hva storhetene har gjort i tidligere tider og de legger ned enormt med tid og energi i å forbedre ferdighetene og teknikkene sine.

Innen idrett er dette helt åpenbart, men hva så med arbeidslivet? Når vi ansetter nye selgere, opplever vi altfor ofte at de kun repeterer det de har lært – det de lærte for i det hele tatt få lov til å prøve seg på å kontakte potensielle kunder og tilby selskapets tjenester. Etter hvert som de støter på problemer, blir de demotiverte. Det de har lært fungerer ikke – det var ikke så lett som de trodde.

Det er aldri enkelt å lykkes – det krever alltid innsats ... mye innsats. En må trene, se på hva som gjør at andre lykkes, finne ut av hva det er som gjør at enkelte ikke ønsker å delta. En må for all del ikke velge å gjennomføre arbeidslivet, for så å ta lærdom av det og forsøke å videreformidle dette til etterkommerne. Det eneste en har lært da, er hva en ikke skal gjøre. En må øve, forberede seg, se for seg ulike scenarier og med utgangspunkt i dette finne ut hvordan man skal manøvrere. En må gjerne se på seg selv som en idrettsutøver, for å holde fokus på stadig å forbedre seg.

I bransjer med mange konkurrenter, må en sørge for at en er bedre enn konkurrentene. Om man har definert sin egen bransje, slik som Klagehjelp på mange måter har gjort, har man likevel ingen enkel reise – som den første og eneste innen sitt felt, må man hele tiden kjempe for å få omverdenen til å se og verdsette det en har å tilby. En selger en vare ingen har hørt om. Det er greit at man ikke har konkurrenter, men det man tjener på den ene siden, taper man på den andre.

Uansett hvilken bransje man er i, er man nødt til å besitte de nødvendige ferdighetene og som selger er den ultimate ferdigheten evnen til å få satt to streker under svaret – det å inngå selve avtalen. Det er ikke om å gjøre å tilbringe mest tid sammen med kunden eller å ha vært i flest mulig møter. Det er ikke antallet e-poster som er avgjørende. Det viktige er at du får formidlet hva du har å by på, på en slik måte at kunden velger å kjøpe varen – at han verdsetter den høyere enn prisen du har satt på den.

Det betyr ikke noe om boken koster 100 kroner, 200 kroner eller 500 kroner. Det som betyr noe, er om kunden verdsetter den høyere enn prislappen som er klistret på den. Kunden må ha en forståelse av at boken er mer verd enn pengene du ber om. Det er ingen som liker å få prakket på seg varer – men folk liker å kjøpe. Folk liker å kjøpe ting de selv har bestemt seg for at de vil ha. De liker å kjøpe, men de liker ikke å bli solgt til..

Selgerens jobb er å legge frem varen for kunden, slik at han kan ta beslutningen om å kjøpe, for så å sørge for at beslutningen blir tatt. En dårlig selger presenterer varen på en slik måte at kunden ikke ser verdien. De som snakker både på innpust og utpust ... det er så forferdelig mange dårlige selgere der ute og så alt for få som er opptatt av å overlevere nødvendig informasjon, slik at kunden – uten å sløse unødig tid – får tatt den beslutningen han ønsker å ta. Ingen er den fødte selger – det er bare de dårlige selgernes unnskyldning for hvorfor de selv ikke lykkes. Som i alle andre yrker må også disse ferdighetene trenes og foredles.

Dermed blir det med de dyktige selgerne, som med de dyktige idrettsutøverne. De som er best i dag, er de som har trent mest og jobber hardest for å komme dit de er. De har lært av andre som er dyktige innen sitt fag – og andre fag – og de har investert tilstrekkelig med tid og energi.

En dyktig selger *kan* salg. Det er ikke slik at alle ender opp med å kjøpe av ham, men man vil se at denne selgeren får flere salg enn andre, basert på samme kundegrunnlag. Dyktige selgere stiller også forberedt og de er opptatt av å ta lærdom underveis, slik at de stiller enda bedre rustet i neste samtale, eller neste møte.

Det er mye som kjennetegner mennesker som leverer sterke prestasjoner, uavhengig av yrke, idrettsgren eller hva det skal være. De tar oppgaven seriøst og de er opptatt av å stadig forbedre seg. De nøyer seg ikke med å være best på laget, eller best på kontoret – de strekker seg mot å være eksperter, mestere, innen sitt felt. De kommer ikke for sent til stevner, møter eller jobb, for de planlegger og sørger for at de har tilstrekkelig med tid til å komme seg frem i tide. De er seriøse.

Som bedriftsleder, blir jeg svært ofte oppringt av selgere og de aller fleste av dem er dårlige. De har ingen anelse om hvem jeg er, hvilket selskap de har ringt til, hva jeg egentlig kan ha behov for – de bare setter i gang med å ramse opp om det aktuelle produktet de ønsker å prakke på meg og bedriften ... og de nevner heller ikke hva det koster. I og med at de ikke vet noe om meg eller bedriften de ringer til, er det veldig vanskelig for dem å synliggjøre hvordan det aktuelle produktet kan ha verdi for akkurat min bedrift. Det er som om de står og skyter i blinde og håper på å treffe blink én av hundre ganger. Det er særdeles sjelden jeg ønsker å kjøpe noe i en slik sammenheng – da skal de ha vært så usannsynlig heldige at jeg faktisk vet akkurat hvilket produkt det dreier seg om og allerede har bestemt meg for at dette er noe bedriften trenger. Dette har kanskje hendt én eller to ganger i løpet av de siste ti årene. Det er ikke slik salg bør foregå – i alle fall ikke for oss i Klagehjelp, som ønsker å nå ut til flest mulig av de som er berørt av en eller annen sak, slik at vi hurtigst mulig kan sette dyktige advokater på saken og hjelpe kundene frem til en økonomisk kompensasjon. Vi har ikke tid eller råd til å virre rundt og skyte i blinde – vi må vite akkurat hva vi gjør, slik at kunden får overlevert nødvendig informasjon på en fornuftig måte og kan ta den beslutningen han ønsker, basert på dette. Dette er vår jobb og dermed har vi behov for dyktige selgere.

Ikke misforstå meg – jeg mener ikke at jeg ønsker ansatte som prakker produktene våre og tjenestene våre på andre. Ingen selger og ingen bedrift kan lykkes over tid på det viset. En må ha oppriktig tro på at det en har å tilby er av verdi for de en tilbyr det til. En må kunne stå helt og fullt inne for produktet og mene at kunden er tjent med tjenesten eller produktet.

I Klagehjelp tilbyr vi mennesker hjelp til å få en økonomisk kompensasjon, der de er påført et økonomisk tap. Vi tar kun tak i saker der vi mener at vi kan utgjøre en viktig forskjell, der vi mener at akkurat vårt bidrag vil være utslagsgivende for at kunden skal kunne vinne frem. Det er kun slike saker vi tar tak i – kun der vi virkelig tror vi kan bidra på en avgjørende måte. Vi tilbyr en tjeneste som vi mener kunden absolutt burde investere i og benytte seg av. Vi mener kunden vil være tjent med dette og det er kun derfor vi forsøker å spre budskapet om denne tjenesten til flest mulig, slik at de kan se, forstå og velge å delta. Slike selgere, slike som kan være med på å spre budskapet på en klar og god måte, slik at flest mulig av de berørte får det med seg – slike selgere er det vi ønsker å tiltrekke til Klagehjelp. Det er slike selgere enhver bedrift bør ønske å tiltrekke seg, for disse selgerne er helt avgjørende for å kunne nå frem med det budskapet en ønsker, slik at kundene kan se og forstå at dette er en vare eller tjeneste de ønsker å investere i.

De dyktige selgerne er derfor trygge i rollen sin, de leser, studerer og terper på stadig å bli bedre på å nå frem til kunden, slik at kunden kan ta fornuftige beslutninger, basert på nødvendig informasjon. En dyktig selger guider kunden gjennom kjøpsprosessen og hjelper ham med å få gjennomført handelen. Han er alt annet enn en innpust-utpust-pratemaker – slike selgere er det dessverre alt for mange av – faktisk så mange at mange forbinder salg med nettopp slike mennesker. Fysj og fy – de er ødeleggende, ikke bare for seg selv, men for bedriften hvor de er ansatt og også for andre bedrifter som er avhengige av salg ... og det er jo i grunnen alle bedrifter.

ONLINE

I LØPET AV APRIL 2017 fikk vi endelig på plass online betaling. Fra nå av kunne kundene melde seg på de ulike sakene helt på egenhånd, via nettsiden. Både VISA og Mastercard var akseptert. Dette var en gammel drøm og endelig var vi der. Vi fikk den på plass for Dieselgate først – dette var den saken med absolutt flest berørte, dermed var det en enkel avgjørelse. Deretter skulle det bli Tesla og Storebrand – saker hvor vi hadde et sterkt fokus i tiden rundt implementeringen.

I England og en rekke andre land, kan en ikke ha noen utgående telefonaktivitet til potensielle kunder – de må først ta kontakt inn. Dermed kunne vi ikke basere det på at vi kunne operere på samme viset der, som her hjemme. Online betaling var derfor svært sentralt med tanke på etablering i andre land. I tillegg til å ha en velfungerende nettside, måtte vi få has på dette med å nå ut via andre medier enn telefonen.

Det var naturlig å la tankene ta turen innom studioet. Vi hadde fått ganske god fartstid i studioet vårt og vi hadde lyktes i å nå ut til mange mennesker her hjemme, men ... engelsk? Sendinger på engelsk ville helt klart nå ut til en del mennesker, men skulle vi våge oss på å stå for sendinger på engelsk selv, eller burde vi hyre inn noen? Jeg holdt en solid knapp på at vi fikk prøve oss frem på egenhånd. Vi hadde allerede hatt den engelske Facebook-siden oppe en stund, men vi hadde til gode å sende noe der. Det var nok en aldri så liten terskel..

Nettsidene var blitt langt bedre – de var mer intuitive. De første ukene etter at online-betalingen kom på plass, slet vi med at svært mange begynte på påmeldingen, men falt ut underveis i prosessen. Dette pekte i retning av at sidene ikke var brukervennlige nok. Det var mange større og mindre justeringer som måtte til, men etter hvert ble vi temmelig fornøyd. Det hjalp imidlertid lite, om ikke kundene tok dem i bruk – nettsider er en kontinuerlig prosess, der en hele tiden må tilpasse dem folks vaner og preferanser. Derfor begynte vi å sette av tid til å overvåke bruken av sidene våre. Dersom de ikke ble brukt slik de var tenkt, da var det sidene det var noe galt med – enkelt og greit.

En annen viktig endring i april, var at vi sluttet med å produsere fakturaer, med mindre kunden hadde bekreftet at han ønsket faktura via SMS. Vi hadde over tid slitt med at en god del av fakturaene våre ikke ble betalt. Det var dette jeg hadde snublet over, fra sofaen utenfor La Cala de Mijas, da jeg satt med kaffekoppen og ventet på soloppgangen. Det var i vinterferien, men helt siden jeg var tilbake på kontoret, hadde vi hatt et veldig fokus på å finne ut av problemet og å gjøre noe med det.

Dette med at kundene skulle bekrefte hver eneste handel på SMS ... vi hadde vurdert det også tidligere, men da hadde vi slått det fra oss – vi ville jo ikke fremstå som om vi maste. Nå var det likevel slik at mange ikke betalte for seg – og mange av disse igjen mente de ikke hadde bedt om noen faktura – kun informasjon. Etter en god del grubling, kom vi omsider til at en SMS-bekreftelse ville være mer til nytte enn til last. Dermed ville vi unngå å sende ikke-ønskede fakturaer ut til folk. At enkelte ville komme til å ombestemme seg i ettertid, det fikk så være –

livet er alltid i endring, så dette kunne en ikke helt ekskludere. En ville imidlertid unngå å komme i situasjoner der en har store avvik mellom forventede og faktiske innbetalinger. Folk betaler gjerne ønskede fakturaer, men slett ikke uønskede. SMS-bekreftelse var et naturlig og viktig steg for oss i april 2017.

Pengene som er ventet innbetalt er med i beslutningsgrunnlaget vårt, når vi velger hvilke kostnader vi skal ta og når vi skal ta dem. Feilaktige opplysninger i den ene enden, fører lett til dårlige beslutninger i den andre. Gjennom en særskilt innsats på oppfølging av ubetalte fakturaer, konkluderte vi med at vi var nødt til å få på plass SMS-bekreftelse. Vi måtte kunne stole på tallene våre, ellers ble alt for mye overlatt til tilfeldighetene.

I tillegg til disse systemmessige forbedringene, gjorde vi også et stunt i forhold til Storebrand Privat Investor, eller Storebrand Eiendomsfond, som det også blir kalt. Vi hadde nylig fått advokatens rapport om produktet og her så det ut til å være en sak. Vi flesket til og sendte brev til alle de vi ikke hadde lyktes å komme i kontakt med tidligere, samt en del av dem vi ikke hadde vært i kontakt med på lang tid. I brevet forklarte vi dem kort om status, samt at vi inviterte dem til å gå inn på nettsiden vår og lese gjennom informasjonen, for så gjerne å melde seg på initiativet vårt derfra.

Vi sendte tilsvarende brev ut til Tesla-eiere, de som hadde Tesla Model S P85D – bilen som ble markedsført med 700 hestekrefter, men som i virkeligheten bare hadde 469. Vi sendte også brev til en del av de som var berørt av Dieselgate, Volkswagens utslippsskandale. Vi sendte over 5 000 brev i løpet av noen få dager – det var temmelig travelt for oss alle. Det var selvsagt en veldig kostbar affære, men i løpet av de to første ukene hadde vi tjent det inn – alt derfra og ut ville være med på å finansiere det videre arbeidet.

ENGLAND

MANDAG 24. APRIL satte jeg meg på flyet over til London. Det var første gang jeg reiste ut på tokt uten Cato, men han og resten av gjengen hadde alle viktige ting å ta tak i hjemme. Jeg skulle uansett ikke virre rundt på egenhånd – Eriksen hadde booket inn en rekke møter.

Vi hadde fire dager på oss og de var fullstappet på dagtid. Kveldene hadde jeg for meg selv og jeg så frem til noen dager med lange, uavbrutte tankerekker. Det pleier alltid å avstedkomme noe bra. I og med at vi hadde så mange omstillinger gående i april, ville det være kjærkomment å kunne sitte og gruble litt i ro og mak.

For all del – gjengen i Klagehjelp er både fantastiske og uunnværlige med tanke på å kunne komme opp med og realisere planer og tiltak. Det å kunne gruble på egenhånd, er et supplement til dette – de viktigste grubleriene finner sted i samhandling med gjengen, slik jeg nevnte innledningsvis, med Vygotskijs sosialkulturelle læringssyn.

Nå hadde jeg likevel noen kvelder til min egen disposisjon – deler av dem ville garantert bli brukt til å prosessere alt det som skulle hende på dagtid..

Det første møtet var særdeles spennende. Han vi skulle møte, hadde arbeidet sammen med Eriksen i HSBC – verdens største bank. Det var faktisk han som hadde ansatt Eriksen i HSBC noen år tilbake og de hadde jobbet tett sammen i et par år. Eriksen hadde blitt hentet inn for å være med og ta ansvaret for et årelangt, verdensomspennende prosjekt i banken. Jeg lærte noe om bakgrunnen til Eriksen hver gang jeg traff ham ... og det var altså ingen ting i veien med kontaktflaten hans.

Kontakten var nederlender og han holdt til like ved Covent Garden. Der satt han som partner i et investeringsselskap. De hadde et av de mest eksklusive møterommene jeg hittil har vært i – og det er jo en del. Trolig var dette et typisk eksklusivt, erkeengelsk møterom. Møblene var i en eller annen variant av Chesterfield, det var halberder og ymse andre historiske våpen der ... det var innbydende og elegant, men jeg fikk ikke tid til å ta inn det hele. Kontakten vår var en travel mann. Han var meget hyggelig og som Eriksen helt riktig hadde forespeilet meg, særdeles skarp.

Først fortalte jeg historien om Klagehjelp, så fortalte han historien om selskapet sitt, før vi knallet hodene sammen og vurderte alskens varianter av samarbeid og synergier. Grunnen til at vi møtte ham, var at jeg hadde flagget en idé for Eriksen noen uker tidligere – en måte å finansiere de ulike sakene på. Idéen var helt klart god, men jeg visste ikke om noen som kunne hjelpe oss med å realisere den – men det gjorde selvsagt Eriksen. Det var et spennende og lærerikt møte og som så mange ganger før, ble det til at det kom flere tanker og muligheter til overflaten.

Da vi gikk derfra, hadde vi flere punkter som måtte graves i og avklares, men så hadde vi også fått en rekke svar. Dessuten var det klart at om vi noen sinne skulle etablere oss i Nederland – da hadde vi allerede toppen klar. Han hadde faktisk avsluttet møtet med selv å invitere seg inn i selskapet, når vi gikk i gang i Nederland. Strålende – dette var en skarping og en som hadde fått til en rekke ting hittil i livet. Han var imidlertid sulten på å få til mer og han vurderte oss som en verdig samarbeidspartner – strålende.

Den neste vi møtte var Linda, prosjektlederen vår i England. Hun kunne fortelle at det var langt fra rett frem å få på plass konsesjon for å bistå finanskunder med å kjempe mot det store mylderet av finansselskaper der borte. Her hjemme trenger en ikke konsesjon for å hjelpe, men det gjør en altså i England – om en vil hjelpe innen finans da. Ingen av de andre tingene vi har sett på krever noen form for konsesjon eller tillatelse, men akkurat finans ... der må det til. London er jo et finanssentrum – i alle fall enn så lenge. Vi får se hvordan brexit virker inn. Uansett – hun var på ballen ... daglig. Hver dag fikk hun tre spørsmål fra FCA, deres versjon av Finanstilsynet, som hun så besvarte. FCA har en frist på seg – de skal ha ferdigbehandlet konsesjonssøknader i løpet av tre måneder. Men ... hver gang de har sendt fra seg spørsmål, da stoppes klokken – da ligger nemlig ballen hos søkeren. Dermed har de altså lagt seg til en vane med å sende ut litt og litt av det de lurer på, i stedet for å sende alt over i en smekk – eller i alle fall i mer logiske bolker.

Åpningstidene er i tillegg rimelig like en del offentlige åpningstider her hjemme, så ting tar altså tid. Det var vel i hovedsak dette Linda hadde å fortelle. Vi gjennomgikk noen utdrag fra korrespondansen og jeg konkluderte med at jeg var sjeleglad for at Linda satt med dette ... det var til å rive seg i håret av. Men-men ... like blid. Arbeidet gikk på frem og det kunne umulig være langt igjen.

Foruten nederlenderen og Linda, møtte vi advokater, markedsførere, researchere og andre. Dagene var travle og fruktbare. Kveldene var frie til min egen disposisjon, men etter en dag full av møter, var det stort sett å få seg en matbit, ta undergrunnen bort til Paddington, jobbe litt på rommet, ta seg enda en matbit og så legge seg. Det tar på å leve annerledes noen dager. Dager kun bestående av møter gjør at en må prosessere mengder av lignende hendelser og innhold ... og alt sammen legger liksom beslag på de samme delene av hodet ... så det var slitsomt. Utrolig nyttig og veldig lærerikt ... og slitsomt. Samtidig gleder jeg meg til neste gang, da vi garantert har kommet enda noen steg i riktig retning og har nye utfordringer å bryne oss på. Det er lærerikt å jobbe i Klagehjelp og en blir aldri utlært. Selskapet har vært i kontinuerlig utvikling helt siden oppstarten og det er ingen ting som tyder på at utviklingen skal stoppe opp. Vi må være aktuelle, vi må være tidsnok og vi må være effektive. Møtene i London skulle hjelpe oss i alt dette og mere til.

Møtene var unnagjort og hjemme fortsatte april med tiltak og justeringer, for å sikre ikke bare fremtiden, men rett og slett eksistensen. Feilaktige tall over tid, hadde sendt oss ut i en økonomisk skvis. Vi var større nå enn tidligere, så alvorlige feil i tallgrunnlaget hadde resultert i veldige kostnader – kostnader som hadde måttet vente, om vi hadde kjent sannheten bak tallene tidligere. Vi måtte rydde i det som hadde ført oss hit, men fokuset måtte ligge på dagen i dag og dagene som kom. Vi skulle fremover. Skvisen var uheldig, men det var helt uaktuelt å la den knekke oss. Vi mistet fart, men til gjengjeld ble retningen bedre. Vi hadde vært ute av kurs økonomisk – nå skulle skuta på rett kjøl..

OMKALFATRING

VEL HJEMME, var vi fokuset tilbake på de utfordringene vi stod midt i. Vi hadde helt klart hatt for dårlige rutiner for å kvalitetssikre inntektene våre. Ifølge antallet registrerte deltakere, skulle inntektene vært atskillig høyere. Den første avstemmingen går på å sjekke tallene i regnskap og disse støttet opp under deltakertallene – selvsagt gjorde de det. Regnskapssystemet synliggjorde de tallene som ble matet inn, så om vi registrerte nye deltakere i den ene enden, viste systemet inntekter i den andre.

Regnskapssystemet vi benytter er så treffsikkert og oversiktlig, at det er lett å godta det som synliggjøres, uten å gjøre videre gravearbeid – nå visste vi imidlertid at inn-dataene var feilaktige, så graving var helt avgjørende. Feilene måtte avdekkes og justeres.

Mye av problemet lå i at rutinene var sydd sammen basert på fullstendig tillit. Det er jo slik en vil ha det – en vil at andre skal stole på en og en vil stole på andre. Alt for mange lever i mistenksomhet, der en nærmest forventer at folk når som helst kan vende seg mot dem og gå fra å være venner til å bli motstandere. I mitt hode gir dette et fattig liv, hvor en bruker alt for mye tid på å fokusere på negative ting. I økonomistyring kan det nok vise seg nyttig å ha et mer nøytralt syn. En er nødt til å sikre økonomien – en forvalter tross alt en rekke kunder og arbeidsplasser.

Gjennom hele april hadde vi hatt et team som jobbet utelukkende med å forske på hvorfor mange av kundene valgte å ikke betale for seg. Mediedekningen hadde en god del å si, men den kunne vi ikke gjøre stort med. I og med at vi går mot store og mektige aktører i de aller fleste sakene hvor vi engasjerer oss, er dette på mange måter vårt lodd i livet. Dette var det altså ikke så lett å manøvrere seg unna. Det gjaldt å finne frem til de områdene vi kunne påvirke og så fokusere på disse.

Det tok ikke lange tiden før vi kom over et område hvor vi absolutt kunne forbedre oss, nemlig kvalitetssikring av påmeldingene. Frem til nå hadde de ansatte kunne registrere inn deltakere etter at de hadde vært i kontakt med dem. De registrerte da om mottakeren skulle få tilsendt informasjon, om han i tillegg skulle få tilsendt faktura for påmelding – eventuelt at han ikke ønsket noen av delene. Systemet var som nevnt basert på tillit, så om en av de ansatte registrerte at mottakeren skulle få tilsendt faktura – da fikk han faktura.

Når vi nå gikk gjennom ubetalte fakturaer, kom vi i snakk med en rekke personer som mente de ikke hadde bedt om noen faktura, men kun informasjon. Det viste seg at dette stemte og vi innså at vi hadde presserende arbeid å gjøre. For det første måtte vi rydde opp i misforståelsen overfor de som feilaktig hadde fått tilsendt faktura. Deretter måtte vi forsøke å forstå hvordan dette helt utenkelige faktisk kunne ha hendt. Det var ikke vanskelig å forestille seg hvordan det hadde gått for seg rent praktisk, men den bakenforliggende årsaken – hva kunne den være?

Konklusjonen på resonnementet grunnet i at feilaktige fakturaer ikke hadde noen direkte negativ innvirkning på den enkelte ansatte. Dersom en la ved en faktura til eksempelvis 20 personer som kun hadde bedt om informasjon, var det en viss sjanse for at én eller flere av dem ville velge å delta og betale fakturaen. Dette ville i så fall slå positivt ut for den ansatte. I og med at det ikke hadde noen negative konsekvenser om fakturaen ikke ble betalt, kunne dette dermed være en temmelig logisk tilnærming for den ansatte.

For selskapet forholdt det seg imidlertid svært annerledes. Om eksempelvis én av de 20 personene var takknemlig for at fakturaen var lagt ved først som sist, satt selskapet likevel igjen med 19 som ikke delte denne oppfatningen. De ville veldig fort gå fra å være interesserte, til å bli negative – og denne negativiteten ville bli styrt mot selskapet.

Videre hadde selskapet blitt forespeilet inntekter fra 20 nye deltakere, men kun én av dem var reell. De øvrige ville selskapet bruke tid og krefter på å følge opp og til slutt kreditere. Beslutninger om kostnader blir tatt med grunnlag i inntjeningen, så om tallene blåses opp i den ene enden, da risikerer en å ende opp med alt for høye kostnader i den andre.

Om én av de ansatte handlet som dette, én dag i løpet av karrieren, var det kanskje ikke så skummelt ... men hva om enkelte ansatte hadde en tendens til å svinge innom denne tilværelsen? Ifølge de store talls lov, ville da selskapet bli klaget inn til alle mulige instanser ... og med rette. Det var bare et spørsmål om tid..

En skal heller ikke se bort fra at kun en muntlig bekreftelse fra kundens side, ville oppleves mindre bindende, enn om han i tillegg hadde bekreftet med en SMS i etterkant. Denne doble bekreftelsen i seg selv, ville være forebyggende mot manglende betalinger.

For selskapet var dette med feilfakturering svært negativt. Det var veldig skadelig for omdømmet, det gjorde potensielle deltakere negative og det gav oss feilaktige tall å forholde oss til. Gjennom april avdekket vi at omfanget av feilfakturering var stort og vi allokerte betydelige ressurser i å rydde opp. Samtidig fikk vi innført en sikkerhetsventil; hver gang det ble registrert at noen skulle motta en faktura, fikk vedkommende automatisk tilsendt en SMS, der han måtte bekrefte med «Ja». Om vi ikke mottok noen bekreftelse, ble ikke fakturaen produsert. Dermed hadde vi luket ut denne feilkilden. Modellen hadde i for stor grad basert seg på tillit.

I livet ellers, har jeg innfunnet meg med at tillit og positivitet iblant fører til at en får seg en smell, men jeg har likevel bestemt meg for at jeg vil ha en slik tilnærming til livet, til menneskene jeg forholder meg til og til det jeg foretar meg. For selskapet var det ikke fullt så enkelt. Her var det om å gjøre å hele tiden foreta justeringer og tilpasninger, slik at vi unngikk å gjøre samme feilen om igjen.

> *Fool me once, shame on you.*
> *Fool me twice, shame on me.*

Det var svært kjedelig at dette hadde skjedd. Det var så mye positivt å legge sjelen i, så mye bra som lå like foran oss ... men så var det altså slik at mye av fokuset gikk på å navigere gjennom en rekke hindringer. Vi hadde ikke hatt god nok kontroll på arbeidet, så april var preget av omfattende justeringer og tilpasninger for å sikre en bærekraftig tilværelse.

De reelle inntektene var langt lavere enn hva vi var forespeilet. Kostnadene var basert på disse oppblåste inntektene og en rekke av kostnadene innebar langvarige forpliktelser. Dermed var det ikke helt enkelt å gjøre så mye med dem. Kostnadskutt var selvsagt viktig, men enda viktigere var det å få inntektene på et fornuftig nivå, basert på de forpliktelsene vi faktisk hadde. Vi skulle komme oss gjennom dette. Vi hadde en rekke dyktige medarbeidere og hver eneste dag gav de av seg selv, for at kundene våre skulle vinne frem og vi som selskap skulle stå sterke sammen med dem.

I tillegg til å få kontroll på faktureringen, måtte vi sørge at selskapet tålte større belastninger. Vi kunne ikke basere alt på at ting ble håndtert slik de var tenkt. I stedet måtte vi for fremtiden i større grad ta høyde for at det kunne oppstå situasjoner som satte oss på prøve. Marginene måtte bli bedre, brukervennligheten på nettsiden høyere, markedsføringen på sosiale medier og internett for øvrig, mer treffsikker ... det var en rekke områder å forbedre seg på og de var alle viktige.

Alle de tiltakene som tvang seg frem i løpet av april, ville virke til å løfte oss frem til en bedre posisjon ... det var bare om å gjøre å få gjennomført dem raskt nok. Det lå an til at tiden frem mot sommeren ville bli travel.

Det var godt vi hadde Eriksen og Linda til å holde i tømmene i England – her hjemme var fokuset på de nære ting, bærebjelken i hele konstruksjonen måtte forsterkes..

NEDSLAGSFELT

WWIKIPEDIA DEFINERER nedslagsfelt som følger:

Eit nedslagsfelt er det landområdet som eit vassdrag samlar opp vatn frå. Vatn frå regn eller snøsmelting renn nedover overflata og samlar seg i elvar, innsjøar, reservoar, estuar, våtmarksområde, sjø eller hav. Nedslagsfeltet inneheld både bekkar og elvar som transporterer vatnet og overflata som desse samlar opp vatnet frå.

For en bedrift er det viktig å sørge for et stort nok nedslagsfelt. Siden oppstarten, hadde Klagehjelp hatt et veldig sterkt fokus på finansprodukter. Mindre enn ett år tilbake i tid, var det utelukkende finans vi jobbet med.

Vi hadde på den tiden allerede bestemt oss for å utvide nedslagsfeltet – vi skulle også bistå inn mot bilindustrien, nærmere bestemt VWs utslippsskandale. Dette gjaldt selvsagt våre norske kunder, for vi fantes på det tidspunktet kun i Norge. Funksjonaliteten var bestilt helt i begynnelsen av 2016, men ting tok tid. Vi ventet på systemutviklingen – IT-systemer er raske når de er oppe og går, men det tar mengder med tid å få dem på plass. Vi hadde bestilt funksjonaliteten i januar, men det var først sent i juni at vi kunne ta fatt på arbeidet.

Forsinkelser er en del av tilværelsen ... eller, strengt tatt ... det at også andre trenger tid til å få unnagjort sin del av arbeidet ... det er kanskje litt drøyt å kalle det forsinkelser, bare fordi det tar tid.

Vi hadde uansett tatt en viktig beslutning – vi hadde bestemt oss for å utvide nedslagsfeltet. En bedrift er som en organisme og trenger næring. Vi kan ikke tenke *business as usual* og forvente at verden opptrer som ønsket. Om en er utsatt for konkurranse, opplever nedgangstider, eller som oss ... om en rett og slett er temmelig plagsom for de med de dypeste lommene ... da er det viktig å forsøke å holde seg i forkant av begivenhetene. Det nytter lite å komme halsende etter og håpe at verden stopper opp, slik at en får hentet seg inn igjen.

Vi hadde tatt et viktig steg i riktig retning i begynnelsen av 2016. Siden den gang hadde vi fortsatt med å utvide nedslagsfeltet. På høsten hadde vi etablert datterselskap, både i Danmark og England. Vi hadde kommet i kontakt med Eriksen og kombinasjonen av at vi hadde han på laget ... og det faktum at England var det desidert største markedet vi hadde kommet i kontakt med, gjorde valget enkelt; vi skulle komme i gang i England først av alt. Når ... ikke om, men når ... vi lyktes med dette, hadde vi øket nedslagsfeltet kolossalt! Det var et kjempemarked som lå der og det var kun oss selv som var bremseklossene.

Videre hadde vi Klagehjelp TV – i starten av 2017 hadde vi begynt å sende live fra studioet vårt. Det var stort sett Cato og jeg som stod for sendingene, hvor vi tok for oss de ulike sakene vi jobbet med. Vi sendte etter hvert live både via Facebook og YouTube og vi lot også publikum engasjere seg, ved å stille spørsmål og kommentere i den såkalte feeden – kommentarfeltet som ble oppdatert gjennom sendingen. 4. mai 2017 passerte vi 250 000 visninger på sendingene våre – det var langt mer enn hva jeg hadde forventet.

Vi hadde også, da vi møtte nederlenderen i London, blitt bedt om å se over hvor mange e-postadresser vi hadde i databasen vår. Han snakket om at vi, med tanke på alt arbeidet vi hadde gjort, trolig hadde rundt 10 000 adresser og at dette i seg selv var en stor verdi. Jeg kommenterte ikke noe på det, men grublet så det knaket ... og endte på at vi trolig hadde i nærheten av 2 500 adresser. Estimatene mine ble heldigvis gjort til skamme. Da jeg var tilbake, tok jeg kontakt med Stokkenes i Adrenasoft. Han hentet ut alle adressene vi hadde lagret i systemet vårt og ... vi hadde i overkant av 25 000 adresser. Himmel og hav! Dette var altså 10 ganger mer enn hva jeg hadde forventet – strålende!

I seg selv hadde selvsagt ikke adressene noen verdi, men det var potensialet han hadde tenkt på – hva menneskene bak disse adressene kunne tenkes å bidra med, om vi hadde det rette tilbudet til dem. Hvorfor hadde jeg ikke tenkt på dette? Jeg hadde jo, da jeg begynte for meg selv tilbake i 2011, satt i gang med månedlige nyhetsbrev ... hvorfor i all verden måtte det en utenforstående til for å minne meg på potensialet i alle adressene? Hvorfor hadde jeg ikke undersøkt dette tidligere?

Jeg nevnte dette for Eriksen og han hintet på at jeg burde vurdere å flytte mer av ansvaret over på andre. På den måten ville jeg få mer tid til å kontrollere de store linjene – vi skulle tross alt etablere oss i Europa.

Linda hadde vært innom det samme, da vi satt i et møte i de meget ærverdige lokalene til Institute of Directors, på Pall Mall i London. Vi hadde sittet og snakket fritt om ymse muligheter og hun hadde kommet med kommentaren like etter at jeg hadde vært en tur innom det visjonære hjørnet – hun mente tydeligvis at det var mye verdi i at jeg fikk bruke mer tid på fabuleringene, slik at vi fikk tatt tak i det som kom til overflaten.

Både Eriksen og Linda var erfarne på meget høye nivå i forretningsverdenen, så guidingen deres var både kjærkommen og verdifull.

Nå som også Eriksen mente på dette, burde jeg ta tak i det. Jeg måtte gruble litt..

Tilbake til e-postadressene – de kunne altså brukes til å få på plass nok en elv i nedslagsfeltet vårt. Hittil hadde vi ikke benyttet oss av disse i det hele tatt. De innebar altså et veldig potensiale.

Frankeringsmaskinen vår, som tross alt ikke hadde rukket å bli særlig mange måneder gammel enda, hadde allerede trykket porto for godt over 600 000 kroner. Brevene var nok en elv, men brevark, konvolutter, porto og alt det manuelle arbeidet med å få brettet, konvoluttert og sendt av gårde brevene ... dette var som å borre olje fra dypet, sammenlignet med å pumpe den rett opp fra hagen. Vi hadde gjort bevisste valg på det meste, men vi hadde vært for dårlige på å revurdere og optimalisere. Mange av rutinene våre var bare der, de var kommet til på grunn av en eller annen hendelse eller et eller annet hensyn, men de hadde bare fått fortsette uten senere å bli gjennomgått.

Jeg hadde ingen anelse om at vi hadde samlet sammen 25 000 e-postadresser. Hadde det ikke vært for at denne nederlandske tallknuseren var interessert i at vi gravde frem antallet, hadde jeg trolig fremdeles vært uvitende.

Erfaringen min med nyhetsbrev var at det var en effektiv måte å nå ut til mange på – og det gav mulighet for de som var interessert i å engasjere seg og ta kontakt. Nyhetsbrevene hadde faktisk vært en av motivatorene for å gå i gang med Klagehjelp – mange ønsket nemlig hjelp til å ta tak i alskens saker ... klagesaker.

Det å sette opp et nyhetsbrev igjen, det ville absolutt utvide nedslagsfeltet – det var en naturlig ting å gjøre. Samtidig burde vi tilby andre bedrifter hjelp til å utføre alle de administrative tjenestene vi hadde måttet finslipe. Vi hadde vært i vekst siden dag én og hele tiden hadde vi måttet forbedre oss og bli mer effektive i det vi gjorde – det administrative var intet unntak. Jeg visste om en rekke bedrifter hvor fakturering og den slags la beslag på kvelder og helger. Det var helt åpenbart et behov for disse tingene og vi kunne definitivt bistå. Vi hadde gått fra å drive selskapet fra et regneark, til nå å drive det gjennom en rekke avanserte systemer – vi kunne dette med drift, i alle fall for selskap opp til vår egen størrelse.

Flere nye tjenester altså og flere nye måter å nå ut på – vi hadde fått til mye bra i løpet av det siste året. Det hadde imidlertid vært veldig preget av dieselsaken - ikke minst all den negative medieomtalen. På et eller annet finurlig vis, hadde noen der ute lyktes i å få det til at det var vi som var skurken i historien. Godt gjort, for all del, men særdeles langt fra sannheten.

Det som var mest overraskende var folks naive tiltro til medieoppslag. Hvordan kunne det ha seg at store deler av befolkningen slukte medieoppslag rått, uten noen som helst form for analytisk tilnærming? Det virket som om folk flest begjærlig tok til seg det som ble servert, uten i det hele tatt å resonnere. Merkelig.

Selv om det nå var en god stund siden det hadde stått noe negativt, skjedde det så godt som daglig at enkelte angret seg og ikke ville delta i klagesakene likevel – de hadde fått med seg skriverier fra Forbrukerrådet eller Forbrukerombudet. En kan ikke klandre dem.

Det er helt naturlig at folk har tiltro til ulike råd og ombud – de er jo til nettopp for å guide oss.

Som vi skrev om i boken «Kundene forteller», er det ikke alltid verd å høre på disse folkene som lever av skattepengene våre. Da vi jobbet med DNBs eiendomsfond, DnB NOR Eiendomsinvest, hvor hele 6 500 personer og bedrifter var villedet til å investere milliarder, var Forbrukerrådet til stadighet ute og advarte folk mot å ta imot noen som helst form for hjelp fra oss i Klagehjelp. Vi jobbet altså i sterk motvind også i den saken. Vi fikk lov å hjelpe nær 1 500 stykker og disse vant tilbake nær 400 millioner kroner! Alt dette er historie og du kan lese om det i «Oppstarten» og «Kundene forteller». Det som fremdeles plager meg, er imidlertid alle de vi ikke fikk hjelpe. Edruelig beregnet, vil jeg tro at disse tapte rundt 2 milliarder kroner på å ikke ta imot hjelpen vår. Den viktigste årsaken til at så mange takket nei, det var forunderlig nok Forbrukerrådet.

De vi hjalp, fikk i snitt rundt 70 prosent av pengene sine tilbake. De som takket nei ... de endte med å tape rundt 75 prosent av pengene. Når det er snakk om flere milliarder kroner investert, da blir det svært store summer i differanse.. Det er helt fryktelig å tenke på at Forbrukerrådet hadde en så aktiv rolle i det som resulterte i at så mange nordmenn tapte så uhorvelig mange penger.

Men, OK ... nedslagsfelt. Dette er viktig – ikke bare for Klagehjelp, men for alle bedrifter. For oss er det naturlig å vokse i bredden, ved å legge til nye tjenester som relaterer til tjenester vi allerede tilbyr. Vi hadde gjort en del feil. Vi hadde i for stor grad tatt tallene for god fisk og latt kostnadene basere seg på innrapporterte tall, i stedet for å basere det hele på hvor mye vi til enhver tid hadde på konto, med et øye på hvor mye som skulle forsvinne ut i løpet av nærmeste fremtid. Selv om vi hadde justert rutinene i henhold til funnene, var vi skjevt ute. Selv om vi hadde gjort en rekke tiltak for å utvide nedslagsfeltet, krevde flere av disse tiltakene tid for å bære frukt. Vi var i en skvis, uansett hvordan en vendte og vred på det.

Én viktig ting var at samtlige medarbeidere var blitt informert om og satt inn i det

underliggende tidlig i april, så snart vi var blitt
klar over svakhetene. Etter hvert som vi fant ut
mer, var de blitt tatt med i dette også. Det var
viktig at alle gjorde sitt til at vi raskest mulig
fikk skuta på rett kjøl igjen. Her måtte alle
bidra – alle måtte aktivt ta tak i situasjonen og
gjøre sitt til å skape en bevegelse i riktig
retning.

ANSVARSFORDELING

SIDEN OPPSTARTEN i 2013, har jeg vært leder i Klagehjelp. Leder er nok ikke helt dekkende – jeg har vært temmelig oppslukt av selskapet siden etableringen. Selskapet har vært jobb, hobby, lidenskap ... det har tatt opp mye av tanker, ord og gjerninger.

Allerede tidlig i 2014 ble ulike ansvarsområder fordelt ut. I dag har vi i utgangspunktet mange nok og sterke nok ressurser til at det meste skal kunne fungere utmerket godt uten min tilstedeværelse. Det har imidlertid vist seg at dette ikke fungerer i nærheten av så godt som det burde. Dette har både overrasket og irritert meg, gjentatte ganger.

Tom Cummings, en meget erfaren amerikansk forretningsmann, driver i dag fire store og suksessfulle selskap. Disse er kommet til i etterkant av to stygge konkurser. Også disse to selskapene gjorde det veldig bra en stund, men han fant i ettertid ut hva han hadde gjort feil; han hadde hatt en rekke ansatte, men alt hadde sirkulert rundt ham selv.

I dag synliggjør han suksessen sin ved at selskapet gjør det bedre enn noensinne – når han selv ikke er til stede. Han har altså fått til det som jeg gjentatte ganger har feilet på.

Han er en temmelig tydelig leder og han deler folk i to grupper; de som holder snittet nede og de som dytter snittet opp. Formaningen hans er at du omgir deg med folk som dytter snittet opp.

Jeg fikk gleden av å oppleve ham på konferansen i Miami i mars 2017. Det var rundt 20 foredragsholdere. Alle var suksessfulle og alle hadde sine sterke meninger. Cummings var svært opptatt av viktigheten av en sterk ledergruppe – at du hadde et sterkt team rundt deg.

Andre kunne tale ham midt imot og være oppslukt av idéen om detaljstyring. De hadde alle sine kjepphester, men de hadde også alle mye å komme med. Akkurat Cummings fikk meg til å vurdere om for mye av innsatsen i Klagehjelp tok turen innom meg på vegen mot realisasjon. Dette er nok en vanskelig materie og det finnes trolig ingen fasit. De 20 foredragsholderne fra Miami hadde hver sine varianter av lederskap og de hadde alle lyktes –

mange av dem, etter en serie av mislykkede forsøk. Det som de alle hadde felles, var at de ikke gav opp, men trykket på fremover. Vi hadde avdekket en rekke svakheter gjennom gravearbeidet de siste ukene. Det at disse tingene hadde fått ligge under overflaten, uten å bli skikkelig håndtert tidligere ... det var ikke bra. Var det ansvarsfølelsen som ikke stakk dypt nok? Vi hadde tidligere tilbudt samtlige ansatte å komme inn på eiersiden, uten at noen av dem hadde valgt å gripe denne muligheten.

Det er vel en ganske utbredt tanke at eierskap automatisk gir økt ansvarsfølelse. Én måte å sikre eierskap på, er ved rett å slett å gi det i gave. Jeg har imidlertid forsøkt meg på dette tidligere – uten suksess. Lærdommen ble at eierskap ikke er verd stort, om en ikke er nødt til å kjempe for å oppnå det. Det som er gitt for ingen ting ... er ingen ting verd. Det er i alle fall min konklusjon.

En kan ikke trykke ansvarsfølelsen ned over noen – den må komme innenfra. Henrik Ibsen introduserte i 1888 begrepet «frihet under ansvar». Det ligger noe der. En vil bygge et sterkt team – en ledergruppe. For å lykkes med det, må de ha påvirkning – ikke bare på sin egen hverdag, men også på omgivelsene. Dersom de er med på å definere mål som innebærer at de må strekke seg, må de også ha påvirkningskraft på omgivelsene, slik at målene kan nås.

Den neste naturlige utviklingen vår, var å få på plass en sterk ledergruppe – ikke individer med hver sine ansvarsområder, men en samlet gruppe som i sum satt med et helhetlig ansvar for selskapets ve og vel.

Jeg skulle selvsagt ha det overordnede ansvaret. Lidenskapen min for saken, for kundene og Klagehjelp er dyptgripende, men vi ville alle være tjent med at flere var involvert på et mer dyptgripende plan. Dette ville gi økt soliditet. Det ville også gi større skaperkraft, ved at flere gikk dypere inn i materien.

For å utvikle seg, er en nødt til å omgi seg med flinke folk. Det å legge til rette for at de rundt en kan vokse, gjør at en åpner for en positiv spiral, der alle kan bidra til å løfte hverandre opp og frem.

Det åpner også for at nærliggende muligheter kan ta form og utvikles.

Som for eksempel Klagehjelp TV. Erfaringene våre implementeres nå i prosjektet Raid Media Group, som er navnet vi har tenkt å gi medieselskapet vi ser for oss å etablere. Her bygger vi altså på erfaringene og kunnskapen vi har bygget gjennom å prøve oss frem med TV-sendinger. Vi har allerede laget et nytt program; «Gründer vs Entreprenør». Programmet sendes fredager klokken 13 og varer i 30 minutter. Hver gang har vi besøk av en ny bedriftsleder.

Flere programmer vil komme til etter hvert. Videre tenker vi å lage informasjons- og reklamefilmer for flere av produktene og tjenestene våre, slik at disse kan markedsføres i de ulike sendingene, for på den måten å nå ut til et enda bredere publikum.

Det at Cato gikk inn og tok ansvar for studioet, gav umiddelbar uttelling i form av vekst. Veksten må bæres av økonomi – den må støtte opp om Klagehjelp, ikke være støttet av Klagehjelp. Etter april måned, er alle klar over dette – erfaringen kan nyttes til noe godt ... den har gitt oss en fornyet bevissthet og en *enda sterkere kunnskap om viktigheten av tallene i bunn. Vi er avhengige av kontroll.*

Dette med å skille studioet ut som et eget selskap, sette opp andre typer programmer og tilby andre bedrifter å benytte seg av vår lærdom – dette var også inspirert av konferansen i Miami. Vi snappet opp mange impulser som ikke var en del av programmet, men når en møter og tilbringer tid med mennesker som ligger noen svinger foran deg i løypen, da er det et hav av områder hvor du kan plukke opp ett og annet. Vi kan trolig tappe lærdom fra konferansen i lange tider. Samtidig motiverer det til å fortsette å se utover iblant. Bedrifter flest har vel i utgangspunktet nok med seg selv, men om man ønsker å utvikle seg ... da må man også se utenfor det kjente og våge å utfordre seg selv. En må bevege seg fra det trygge og over i det utrygge – man må stort sett risikere noe for å komme seg videre. Risiko er skummelt, men også nødvendig. Om man ikke strever for å komme seg videre, da blir man stående der man er ... og den som står stille, den mister gradvis verdi. En må bevege seg fremover – slik er det bare.

Klagehjelp var klar for en gjennomgripende ansvarsfordeling. Det ville helt sikkert bli utfordrende, men vi skulle komme helt fint gjennom det ... og på den andre siden av denne prosessen, ville vi stå sterkere enn noen sinne.

Ved å få fordelt ut mange av de eksisterende ansvarsområdene, ville vi kunne videreutvikle opptil flere av dem samtidig. Mine personlige begrensninger ville ikke lenger være relevante. Ansvarshaverne ville utgjøre vår fremtidige ledergruppe og i sum ville de besitte mengder av ferdigheter og den samlede kunnskapen ville langt overgå alt hva vi hittil hadde hatt å spille på.

Jeg hadde gjort en rekke fremstøt for å få selskapet til å bli selvgående også tidligere, men det slo meg at jeg hadde fordelt ut en rekke oppgaver, til dels også ansvar ... men jeg hadde ikke klart å få fordelt ut den dyptgripende ansvarsfølelsen. Om jeg nå lyktes i å få fordelt ut også denne, da var veldig mye gjort. I så fall lå vi an til å kunne skape en helt annen fremtid enn med meg som eneste befal.

Jeg var ikke eneste befal, vi hadde en del av ansvaret fordelt ut – det var bare det at de ikke var selvgående. De fleste av oss var selgere, men foruten disse, hadde vi en gruppe salgsledere og en gruppe administrativt personell. I tillegg til Cato og meg, hadde vi tre salgsledere i Haugesund og to på Forus. Videre hadde vi fire i admin.

Salgslederne på Forus holdt styr på Forus-gjengen og slik måtte det være, men i Haugesund, der måtte ansvaret fordeles på en helt ny måte. Jeg diskuterte det med Bodil og endte på en modell der vi samlet samtlige salgsledere og administrative ressurser i én felles gruppe. Rent praktisk, ble de plassert rundt et langbord. Videre fikk de ansvar for hvert sitt forretningsområde. Hver mandag skulle de avholde et ressursmøte, der de ble enige om hvordan de øvrige ressursene skulle fordeles i uken som kom. Det var ikke om å gjøre å foreta bytter for byttenes skyld, men ved å ha en ukentlig avstemming, ville de ha kontroll på ressursbehovet og –bruken. Videre skulle de ha økonomisk ansvar, slik at de måtte styre ressursbruken etter økonomien. Selv om de fikk ansvar for hver sine forretningsområder, var det ingen ting i veien for at de selv kunne bidra på andres områder – dette skulle de bli enige om i ressursmøtene.

Det ville være en underdrivelse å hevde at jeg var spent ... for det første var jeg usikker på hvordan de ville ta det – ville de ønske å gå inn som ledere og til sammen utgjøre en ledergruppe, med stort ansvar for vårt alles ve og vel? Og, om de først var positive til dette ... hvordan ville de håndtere det hele? Hvordan ville de håndtere ressursfordelingen? Hvordan ville de sørge for at samtlige områder ble hensyntatt? Ikke bare skulle de håndtere sitt eget ansvarsområde, de skulle også sørge for at de øvrige lederne fikk de beste forutsetninger for å både nå og overgå sine egne målsetninger.

Ved å fordele ut ansvaret, skulle vi også ta fatt i flere områder samtidig. De skulle ikke ivareta og vedlikeholde – de skulle øke på, videreutvikle og generere vekst. Det ville bli veldig spennende å følge arbeidet fremover ... jeg måtte være flink til å la dem få spillerom..

OVER SKYENE

SAMTIDIG MED ALT DET trøblete som skjedde i denne perioden, var det også svært mye utelukkende positivt som utspilte seg.

Under Eriksens siste besøk, hadde vi fått lansert de engelske sidene våre, www.ccag.uk, og vi hadde fått på plass en rekke saker vi kunne tilby det engelske markedet. Vi hadde også bestemt oss for å satse på å få mest mulig til å skje gjennom selve nettsidene. Online betaling ble derfor sentralt og nå som vi hadde en løsning på dette, var vi allerede kommet et godt stykke.

Vi hadde valgt å gå for en løsning som het Stripe og i en personifisering av online-løsningen, endte det med at han ... ja, han ... fikk navnet Wesley Stripes. Målet var at han skulle hevde seg mot de beste pustende selgerne våre – på litt sikt. Potensialet hos Wesley var selvsagt vanvittig, men det var opp til oss å få tweeket og tunet på ham, slik at han ble så treffsikker og dyktig som vi ønsket og håpet.

Upløyd mark, men absolutt noe vi skulle få til.
Arbeidet med å få online betaling på plass, var faktisk med på å få meg til å innse at admin og salgslederne var nødt til å samarbeide tettere. Den nye ledergruppen var måten å gjøre det på. De hadde måttet samarbeide for å få på plass Wesley Stripes – ingen av dem kunne ha fått det til, uten bistand fra den andre. I alle fall ikke like effektivt og bra. Videre hadde jeg overlatt arbeidet til dem. Det var ikke jeg som hadde ledet det – jeg hadde bare kommet med noen forslag og ønsker ... resten hadde de håndtert selv. De kunne utmerket godt ta tak i ting på egenhånd..

Da Eriksen sist var i Haugesund, hadde han og jeg snakket med Vidar og Tonje om dette med timeshare. Svært mange av de timeshare-avtalene som var inngått de siste 10-20 årene, viste seg å være ulovlig skrudd sammen. Kjøpere som har gått til sak og gjennomført denne, har stort sett vunnet frem og fått sin erstatning. Problemet er at alt må gjennom retten og sakene er forferdelig dyre. Ja, og alle sakene må kjøres i Spania, da det er spansk rett som teller. De vinner altså frem, de få som tar seg tid og råd til det ... og dem er det få av. Det er imidlertid svært mange dette er aktuelt for, tusenvis bare i Norge ... men den største andelen kunder finner man i England. Timeshare var altså et felles anliggende for Norge og England – en tjeneste vi kunne tilby på begge disse og trolig også kommende nettsider. Hjelp til å komme seg ut av timeshare-avtalen.

Tonje og Vidar møtte en norsk timeshare-kunde og sanket sammen noe info. Vidar dykket ned i tastaturet og hentet frem mengder av god info, før han satte i gang og skisserte et rammeverk. Eriksen fikk dette med seg til London og involverte prosjektlederen vår, Linda i saken. Det endte med at gravingen ble returnert til Haugesund – det som var gjort, var bra – vi ville ha mer. Dette ville bli en spennende sak å forfølge.

Når det gjaldt dieselsaken, var det også mye som hadde skjedd i det siste. Svenske Teknikens Värld var kommet med en artikkel. De hadde testet 10 biler som var berørt av dieselskandalen, før og etter at fixen ble utført. Resultatene var nedslående ... for Volkswagen.

De var akkurat som vi hele tiden hadde hevdet – bilene ble dårligere. Vi hadde måttet fjerne slike påstander, etter påtrykk fra Forbrukerombudet, men nå var de altså oppe i dagen og det fra uventet hold.

Også fra England kom det informasjon om at folk var svært misfornøyde med fixen. Volkswagen hevdet at så godt som ingen hadde klaget, men en større spørreundersøkelse utført av et anerkjent britisk magasin, avslørte noe helt annet. Nærmere 90 prosent av de spurte var misfornøyde. I tillegg var det visst en rekke britiske verksteder som regelrett frarådet folk å få installert fixen!

Volkswagen er et av de viktigste foretakene i Europa, men selv i selskapets hjemland, Tyskland, kom det nå frem at selskapet hadde inngått tusenvis av forlik overfor folk som hadde gått til sak.

Sverige var interessant – de var så tett på. Det skulle ikke mye graving til for å finne ut at det ikke var noen som hadde tatt tak i dieselsaken i Sverige. Heller ikke finanssaker. Broderfolket stod altså uten noen aktør som oss. Eriksen gikk i gang med å sjekke relasjonene sine. Sverige burde være et enkelt marked å komme inn i. Regnskapskontoret vårt hadde virksomhet i Sverige og selv om oljesmellen hadde pågått et par år, var det fortsatt rikelig med svensker i både Stavanger og Haugesund. Vi skulle absolutt klare å få tak i en av dem. Også i Sverige ville vi kunne basere oss på en online tilværelse, men det ville være godt å ha en landsmann å kunne ringe til.

I anledning 45-årsdagen min, hadde Bodil laget til en storslagen fest. Både familie, venner, Forus og Haugesund var samlet – og vi hadde det helt enestående. I etterkant, kan denne feiringen vise seg å være svært så nyttig ... Vidar kom nemlig i prat med en kar, som kunne fortelle at Nissan Navara – en av de mest solgte pickupene, hadde en lei tendens til å knekke i to! Det var fort gjort å avdekke at dette var et omfattende problem, verden over. Rammen var av så dårlig kvalitet at bilen faktisk rustet i stykker og knakk like foran bakhjulene. Vi hadde enda en ny sak, som vi kunne tilby over alt hvor vi fikk fotfeste.

Det lå an til at vi kunne rulle ut Klagehjelp i store deler av verden. InvestorPartners hadde nylig hatt generalforsamling og besluttet å selge ut

Klagehjelp til et nytt selskap, Massive Actions Group. Selskapet ville være eid av de samme personene som eide InvestorPartners og Klagehjelp ville kjøpes ut for en sum bestemt av en revisor – en ekspert på verdsettelse og organisering. InvestorPartners hadde en gammel sak på seg og selv om denne ville bli vunnet, ville den – all den tid den bare ventet på å bli avsluttet – være et hinder for vekst i Klagehjelp.

Massive Actions Group var et navn inspirert av Grant Cardone. Han forteller alltid at en er nødt til å ha massive actions – det nytter ikke å gjøre litt av noe og håpe på suksess – en må gjøre mye av mange ting. Det krever solid innsats, over tid. Jeg kunne skrevet en bok om hva jeg har lært av den mannen ... kanskje jeg gjør det en dag.

Massive Actions Group vil eie Klagehjelp, som igjen eier Klagehjælp i Danmark og Consumer Complaints Action Group i England.

Massive Actions Groups er et passende navn for overbygningen, morselskapet – en gruppe av selskap som gjør mengder av grep for at kundene deres skal vinne frem. Det klinger bra.

Det var også en rekke annet positivt over skyene, forlokkende fremtidsutsikter ... men akkurat nå, like under skydekket, hvor vi befant oss ... her hadde vi altså en seriøs skvis, et monster av et hinder å forsere. Vi hadde tatt en rekke grep og vi skulle forsere det og fortsette fremover, uten å se oss tilbake. Jeg kjente på en blanding av frykt og besluttsomhet. Panikk og trass.

Tallene var allerede i bedring. Skuta tok ikke lenger inn vann og vi øste for harde livet. Vi var på veg ut av uføret.

Først må vi altså gjennom skvisen. Nok en krise, nok en ny variant ... men igjen vil det være mengden av riktige tiltak, gjennomført med tilstrekkelig mange riktige ressurser som blir utslagsgivende. Ikke et sekund å miste..

Vi skal klare det og jeg gleder meg til fortsettelsen. Livet som entreprenør er svært utfordrende. Det er også derfor det er så givende. Få ting overstiger gleden ved å overvinne utfordringer og komme seg gjennom hindringer. Når en samtidig ser ansatte som tar tak i seg selv og omgivelsene og bygger seg opp til stadig bedre utgaver av seg selv, da er det en privilegert tilværelse å stå i kampen med hver enkelt av dem. Selskapet har aldri hatt en sterkere bemanning enn nå – aldri hatt bedre folk. Og, alle de som har vært der en stund, de fremstår i dag som kjemper i forhold til hvem de var da de kom inn døren første gang. De er i stadig utvikling, ved at de daglig overvinner større og mindre hindringer. Vi så ikke særlig mye på papirene deres da vi tok dem inn, men de vil aldri i fremtiden trenge papirer heller – de har bygget seg sterke gjennom bidraget til å bygge det som om kort tid vil fremstå som verdens viktigste hjelpeselskap. Som Michael Jackson sang: *Heal the world, let's make a better place.* Ikke en av mine favorittartister, men nå som jeg skrev avslutningen, snek disse strofene seg inn i bevisstheten. Massive Actions Group – vi skal gjøre hva vi kan for at de som trenger hjelp til å kjempe mot den økonomiske overmakten, vet at vi finnes og at vi ønsker å bistå. Det er min misjon.

AVSLUTNING

DET VAR SØNDAG 14. MAI og jeg satt i stuen og jobbet. Bodil var i Spania med en venninne. Hun hadde ringt kvelden før, med temmelig spennende nyheter; hun hadde kommet i snakk med en engelskmann, som hadde sittet langt inne i timeshare-verdenen noen år tidligere. De hadde tydeligvis truffet tonen, for han var villig til å oversende alt han hadde – og han hadde mye – blant annet oversikt over en rekke engelske timeshare-eiere. Veldig spennende.

Det var under en uke til neste lønnskjøring og for tredje måned på rad, ville den utgjøre en stor utfordring. Forrige måned hadde vi få regningen stykket opp, slik at vi kunne bruke måneden på å gjøre opp for oss. Vi måtte til med en slik ordning igjen, men ... nå som vi hadde fått en ledergruppe på plass, der de hadde ansvar for både ressursallokering, inntjening og kostnader ... nå skulle ting ta seg raskere opp.

Dette hadde vært den klart største økonomiske skvisen vi noen sinne hadde vært i og den var seig. Det var ingen snarvei ut av den – vi måtte kjempe og slåss. Det var imidlertid ingen ting å lure på – vi var nødt til å komme oss gjennom den. Vi hadde viktig arbeid å gjøre og vi led av gamle feilskjær. Vi måtte hente oss inn – vi måtte komme oss over skydekket.

jeg hadde brukt formiddagen på å ferdigstille boken, men det var på tide å sette det siste punktum. Våren var kommet, hagen trengte stell og hodet trengte sikkert et avbrekk det også. De neste ukene var spennende..